中央财经大学“本科专业提升计划暨专业综合改革建设”专项资金资助出版
中国高等教育学会教育科学“十一五”规划课题（自筹经费）项目（06AIS0670011）成果
中央财经大学教师教学发展中心“2016年度教学方法研究项目”（JFY201619）资助第五章研究
中央财经大学外国语学院“2014年度教育教学改革课题一般项目”资助第三章研究

高校外语教师的合作性行动研究：

以《中国文化概论（英）》课程教改为例

吴新云　曲　亮　等著

U1007129

知识产权出版社
全国百佳图书出版单位

图书在版编目（CIP）数据

高校外语教师的合作性行动研究：以《中国文化概论（英）》课程教改为例/吴新云等著. —北京：知识产权出版社，2018.7

ISBN 978-7-5130-5639-7

Ⅰ.①高… Ⅱ.①吴… Ⅲ.①高等学校—外语教学—师资培养—研究 Ⅳ.①H09

中国版本图书馆 CIP 数据核字（2018）第 134279 号

责任编辑：贺小霞　　**责任校对**：谷　洋

封面设计：刘　伟　　**责任印制**：孙婷婷

高校外语教师的合作性行动研究：

以《中国文化概论（英）》课程教改为例

吴新云　曲　亮　等著

出版发行：知识产权出版社有限责任公司　　**网　址**：http://www.ipph.cn

社　址：北京市海淀区气象路 50 号院　　**邮　编**：100081

责编电话：010-82000860 转 8129　　**责编邮箱**：2006HeXiaoXia@sina.com

发行电话：010-82000860 转 8101/8102　　**发行传真**：010-82000893/82005070/82000270

印　刷：北京虎彩文化传播有限公司　　**经　销**：各大网上书店、新华书店及相关专业书店

开　本：720mm×1000mm　1/16　　**印　张**：10.75

版　次：2018 年 7 月第 1 版　　**印　次**：2018 年 7 月第 1 次印刷

字　数：160 千字　　**定　价**：48.00 元

ISBN 978-7-5130-5639-7

出版权专有　侵权必究

如有印装质量问题，本社负责调换。

目　录

绪论　从高校外语教师的科研困境说起 …… 1

一、问题的提出 …… 1

二、课题的方向、意义、文献综述 …… 3

三、研究内容、研究方法、研究基础 …… 6

第一章　掌握方法："合作性行动研究"概论 …… 10

第一节　合作性行动研究的发展历程 …… 10

第二节　合作性行动研究的特点和界定 …… 21

第三节　教育领域中的合作性行动研究 …… 26

第二章　发现问题：《中国文化概论（英）》的课程现状 …… 31

第一节　英语学习中的"中国文化需求" …… 31

第二节　《中国文化概论（英）》教学改革的方向 …… 37

第三节　教师"角色"的转变 …… 41

第三章　改进教学：对"内容形式"的合作性行动研究 …… 46

第一节　教学内容的专题设计 …… 46

第二节　课堂教学中思辨力的培养 …… 55

第三节　测试体系的建设 …… 59

第四章　收集反馈：对"教学效果"的合作性行动研究 …… 66

第一节　关于"文化词汇"的教学反馈 …… 66

第二节　关于"能力培养"的教学反馈 …… 73

第三节　关于师生“主体性”的教学反馈 …………………… 81

第五章　再次改革：对“翻转教学”的合作性行动研究 ……… 90

第一节　课程的“翻转教学”设计和功能 …………………… 90

第二节　学生“团队”为基础的学习 ………………………… 95

第三节　教师推动学生课堂讨论的策略 …………………… 104

第六章　外语教师合作性行动研究的反思和前景 ………… 111

第一节　外语教师个体参与“合作性行动研究”的前景 ……… 111

第二节　单位支持大学外语教师“合作性行动研究”的前景 …… 118

第三节　国家鼓励外语教师“合作性行动研究”的前景 ……… 124

参考文献 ………………………………………………… 132

一、英文文献 ………………………………………………… 132

二、汉译文献 ………………………………………………… 144

三、中文文献 ………………………………………………… 145

附　录 …………………………………………………… 149

第二章附录 1　“用英语表达中国文化的能力”测试卷……………… 149

第二章附录 2　《中国文化概论（英）》“课程现状”调查　……… 155

第四章附录 1　《中国文化概论（英）》“词汇教学效果”问卷　… 157

第四章附录 2　《中国文化概论（英）》“能力培养”问卷　……… 159

第四章附录 3　《中国文化概论（英）》“主体性”访谈表　……… 162

第五章附录　TBL（团队为基础的学习）效果调查表　………… 164

后　记 …………………………………………………… 165

绪论　从高校外语教师的科研困境说起

一、问题的提出

20 世纪 90 年代以来，外语老师的科研能力被视为专业素质的一部分，很多学者都撰文提到这个问题。夏纪梅称外语老师的素质包含外语教育知识和观念、外语教学能力与研究能力（2002：36）。刘润清指出，外语教师的素质包括流利、地道、规范的英文，宽泛的知识面，普通语言学和应用语言学理论，科研能力，解决问题的能力和爱学生（2004：16）。戴曼纯、张希春认为外语老师的素质表现为扎实的基本功、教学效果好、较强的科研能力、外向的性格和身心健康（2004：46）。

然而，中国外语教师在科研方面的“薄弱”问题却是个不争的事实。包天仁在 2005 年全国高等师范院校外语教学学术年会上的报告《当前我国高等师范外语教师教育的形势和任务》中指出，“最可怕的是我们缺少科研，高等师范外语院校英语院系的科研要比别的院系差。”其实不仅在师范类外语院校中，在其他类型的高校中许多外语教师也同样面临困境。为从数据上看清这个问题，我们曾对自己所在院系的外语教师的科研情况进行了调查，分析当时在岗的所有 30 名不同年龄段的数科外语（英语、俄语、法语）教师在 2004 年 7 月 1 日至 2007 年 6 月 30 日三年间在学校科研系统登记的科研成果。(1) 除去译文、教材、注释读物及与从事专业无关的内容，第一年 12 位教师有科研成果共计 23 项，第二年 26 位教师有科研成果共计 63 项，第三年 26 位教师有科研成果共计 56 项；(2) 由于公开出版的各类论文集参差不齐，发表的论文质量难以界定，我们在第一项结果基础上再除去论文集的文章，那么第一年 8 位教师有科研成果共计 10

项，第二年7位教师有科研成果共计13项，第三年17位教师有科研成果共计21项；（3）由于学报、杂志增刊的目的往往是为了照顾科研能力较弱的教师而设的，虽在一定范围内得到承认，但其性质与论文集雷同，我们又在第二项结果的基础上除去增刊上的成果，那么第一年8位教师有科研成果共计10项，第二年6位教师有科研成果共计11项，第三年12位教师有科研成果共计13项；（4）除去尚未结项的科研项目为名的成果，只统计发表在以国家图书馆发布的期刊为标准的核心期刊的成果，结果三年来有5位教师有科研成果共计6项，其中一位教师为第二作者（吴新云、黄振华，2007：175）。所以从感性认识和上述的调查结果不难看出，外语教师做出严格意义上像样的科研成果真是很难。

科研难引发了高校外语教师的焦虑，有些人抱怨教学任务繁重，所以“没有时间”从事科研；有些人觉得年龄、知识结构、学历层次、学术氛围等因素阻碍了自己的科研能力的发展；有人避重就轻，注意力放在教材编写、跑横向项目、编写论文集之类的活动上；有些人采取“互助”行动，一人完成的科研成果由多人署名，彼此共享；还有人动用社会关系，在熟人、朋友等关系人的科研成果后署名，或者花钱买署名，使得个人自己的不少科研成果间无丝毫的关联度，也与外语专业无关，“不务正业”现象严重。

抱怨和不当行动其实无助于外语教师科研能力的提升，而且，科研真的很有必要，有助于外语教师的教学质量的提高，科研量少的话，就难以在教学方法的改革、知识更新方面有所成就，也就从整体影响了外语教学工作的成效，往往形成事倍功半的结果。关于如何克服外语教师科研弱势的问题，大家众说纷纭，建议多多。有人提出的迫切培训需求是“出国进修以提高听说能力和获取语言学及应用语言学前沿理论和实践”，还渴望“通过学习和培训提高研究能力和一些关键技能”，还有相当一部分人强调“跨学科高学历学习对提高研究能力的重要性”（李洁、刘孟欣、张凤华，2007：134）。可以说，大学外语教师的科研水平整体不高的事实是有目共睹的，如何解决这个问题也是大家关切的，但具体的、有效的方案还没有出现，这个形势将促使更多的学者努力探索，任何有效提高外语教师科研能力的成果都将吸引大家的关注。

我们认为，提高高校外语老师的科研能力要探讨和解决的具体问题应该是：高校外语教师的科研有特殊性吗？外语老师整体研究能力的局限是什么原因造成的？可否在特定的时间里得到解决？制订解决方案的依据是什么，实施中遇到了什么问题？如何调整？一个阶段（比如一两个学年）后的成效如何？未来还要做哪些方面的努力？我们的基本认识是，高校外语教师的科研有一般性，也有特殊性，一般性就是得遵循科学研究的基本规律，提出问题并通过一定的科学方法和程序来解决问题，特殊性就在于外语教师确实教学任务相对其他学科更为繁重，而且课程教学往往与硕士、博士时的研究方向脱节，形成教学科研两头忙、两头不能兼顾的局面，也造成了外语教师整体研究能力薄弱的现象。要想在特定的时间里解决这个问题，一是要减少外语教师的授课量，让外语教师所上课程与其研究方向密切相关；二是要坚持科研“从教学中来到教学中去”的原则，使外语教师从繁重的教学中获得乐趣和成效，从复杂的科研中更新知识结构，提高教学能力。两种方案都会遇到问题，第一种由于高校现实的学科和课程设置，一段时间内是不可能实现的梦想，第二种实际上想让教学和科研融为一体，但外语教师大多在教学理论上有欠缺，需要一定的指导，而成果和成效都需要时间来考察，未来的改进也需要在实践结果的基础上得出。

二、课题的方向、意义、文献综述

考虑到大学外语课型大类的相似性、大学外语教师繁重的教学任务、高校提高英语教学水平的迫切性，我们解决大学外语教师科研困境的基本方案是“合作性行动研究”（界定、特色等见第一章），即同一课程的几位老师，或者对同一门课感兴趣的数位老师，组成研究小组集中研究某个或几个课堂上出现的问题。方案中最重要的是寻找与教学相关的可以进行“合作性行动研究”的方向。

我们课题组选择《中国文化概论（英）》作为合作性行动研究的切入点。《中国文化概论（英）》指的是用英语讲授的《中国文化概论》的课程。《中国文化概论》课于1999年被教育部定为高等院校主干必修课，现已逐渐成为高等学校人文素质教育的公共课。为了培养学生的跨文化交际能力，国内各大高校也实施了英语教学的改革，开始在学生的英语学习中增设《中国文化概论》课程的学习。《中国文化概论（英）》2006年开始在中央财经大学进行课程规划和试行，该课目前在我校教学体系中为英语专业任选课，未来该课程还有望逐步建设成为授课对象更为广泛的在线开放课程，不仅可将之作为英语专业的限选课来提高学生的跨文化交际能力，还可以作为公共英语的选修课拓展大学生、研究生的英语运用能力和文化素养，也能直接在海外面向没有汉语基础的大众讲授来传播中华文化。以《中国文化概论（英）》课程为例，展示“合作性行动研究”的应用之法和成果，选题具有教学的现实意义和相关的学术价值，以及国家战略层面上的深远意义。

教学上看，该课题进行的促进科研的活动，可以缓解教师的焦虑情绪，可以促进群体的合作，可以促成整个教学单位互帮互学的良好风气。《中国文化概论（英）》这门课程的改革对培养学生的探索意识、思辨能力和创新理念大有助益；而且，这门课程的教改成果也为文化系列的其他课程提供了借鉴，将来可促进专业性对话，营造整个外语界科研和教学并列发展的氛围。

从学术上看，用合作性行动研究来指导《中国文化概论（英）》课程改革将促进师生的学术思考力的发展，潜在地对学界的教育理论和实践、中国文化各种论题贡献新的思想和学术研究的新鲜力量。一方面，合作性行动研究是教育改革中促进教师发展的一种方法，其中涉及心理学等原理和统计、调查等相关学术研究问题；另一方面，《中国文化概论（英）》包含了许多可以深入思考的话题和研究主题，教师和学生都可以进行相应的学术研究。

从国家层面看，合作性行动研究切合中国高等教育改革与发展的方向，因为加强教师队伍建设是教育工作的永恒主题。《中国文化概论（英）》课程也契合中国文化战略，因为我们不仅需要激发国内青少年对中国文化的兴趣，培养有中国文化意识的公民，也需要进行文化输出，引起国外人士对中国文化的兴趣，假设英文的《中国文化概论》编著得当，将可以作为孔子学院和中国研究的教材对外推广。

与本课题所关注的问题有关联的研究集中在两个方向。

其一是“行动研究”（action research）和“合作性行动研究”（collaborative action research）的问题。行动研究作为社会科学领域的一种研究方法，在英美等国家已相当普遍，而我国学者对行动研究的关注还只是最近几年的事。行动研究指的是实践工作者试图科学地研究他们的问题以指导、纠正和评估他们的决策和行动的过程，学者 Kurt Lewin 1946 年出版的《行动研究与少数民族问题》和 1947 年出版的《群体决策和社会变革》确定了行动研究的三个步骤，即规划、采取行动、搜集关于行动的后果的资料。行动研究被广泛应用在很多的研究领域，20 世纪 70 年代学者 Lawrence Stenhouse 和 John Elliott 以及 Clem Adelman 在英国开展了研究者指导一线教师进行就课程改革问题的研究，开了“合作性行动研究”的理论和实践的先河，以后英美教育界把行动研究视为教师成长的必要途径，众多行动研究、合作性行动研究的成果发表。1992 年 Richard Sagor 出版的专著《如何开展合作性行动研究》从实战的角度教大家一步步开展课程相关的研究。可以说，行动研究、合作性行动研究在英美是备受关注的课题。

然而，本研究启动的 2006 年前后，在中国关于行动研究、合作性行动的内容主要是以介绍国外的研究理论为主，比如洪明 1999 年的文章《西方教育研究的方法论和转向——行动研究探略》、刘良华 2001 年的博士学位论文《行动研究的史与思》、2002 年王蔷的著作《英语教师行动研究》和宋雪冬的文章《教学行为研究与教师自我发展》等。而关于教学实践的成果较少，同时期的仅有 2000 年彭金定的《实践研究与大学英语教学》和王笃勤 2004 年的小组合《合作学习行动研究》等数篇。近几年来，教育界普遍认为行动研究是解决教师发展问题的有效途径，关于“行动研究与外语教学”这样的题目已经频见于中文报刊杂志，内容上看，大多数的案例都是针对中小学的，或者是没有针对性地对行动研究在外语教学中的意义等方面的泛泛而谈，不少读者对象是“中小学英语教师”，对大学老师难有具体的帮助。

其二是关于《中国文化概论（英）》教学改革的相关研究。国内已经发表的文章中，谈中文讲授《中国文化概论》的比较多，像高艳丽的《浅谈〈中国文化概论〉课程建设改革》（载《中国科教创新导刊》2013 年第 4 期）等，但没有论及用英语讲授《中国文化概论》的专著，相关文章的数量也有限。目前看，刘璐的硕士学位论文《英语讲授〈中国文化概论〉课学生学习动机及态度研究》（2013 年华中师范大学）中有一章涉及了非英语专业学生学习英文的中国文化概论的动机和态度，其他内容多是在讲研究方法之类；吕芳的《对高校中外合作办学"中国文化概论"课教学的思考》（载《吉林教育》2013 年第 16 期）一文，分享的是如何在国外用英语教外国学生学中国文化的内容。除此之外就是我们课题组在研究过程中发表的文章，如吴新云的《论〈中国文化概论（英）〉教学改革的必要性和方向》（载《现代外语教学与研究（2015）》，中国人民大学出版社），还有曲亮、吴新云的《〈中国文化概论（英）〉课程的"翻转教学"设计和功能》（载《现代外语教学与研究（2016）》，中国人民大学出版社），及吴新云的《〈中国文化概论（英）〉翻转教学中"团队为基础的学习"探索》（载《外国语文研究》第 8 卷，南京大学出版社，2017 年 12 月）等。

据此，以《中国文化概论（英）》课程教改为个案探索外语教师间合作性行动研究的方案，具有相当的意义和价值，能推进教学，深化我们对行动研究的应用和对中国文化的理解和传播，而且有助于外语教师的自身发展，也符合国家发展的要求。

三、研究内容、研究方法、研究基础

除绪论外，本书主体部分分为六章。

第一章"合作性行动研究"概论是在应用该方法来进行教学问题研究之前梳理该方法的工作原理，通过追溯合作性行动研究的发展历程、合作性行动研究的特点和界定、教育领域中的合作性行动研究历史等来把握合作性行动研究的基本原则、特征等，以便领会其精髓，获取其真谛。

第二章到第五章为一个循序渐进的整体，以"合作性行动研究"之法对《中国文化概论（英)》的教学进行研究和改善。第二章“发现问题：《中国文化概论（英)》课程现状”是对所开设课程存在的优势和劣势进行调查和分析，比如开课和教材情况、学习效果调查、学生的课程期待和前景展望之类，看投入、方法、心理等各方面有无改进之处，并且预期在调查过程中出现新的情况，以引导外语教师对课程改革科研相关问题进行思考。本章三节撷取开课的必要性、在教材和授课方式等方面的改革方向、对教师“角色”转变的期待为例总结调查结果。

第三章“改进教学：对《中国文化概论（英)》内容和形式的合作性行动研究”是解决方案的制订问题，并将方案付诸实施，这里主要是以课题组为单位进行“合作性行动研究”，要求一个群体的高度参与和互动，通过向专家进行咨询、定期交换教学科研的看法和进度、互评论文、学术会议后的汇报等一系列的行动进行科研能力的自我培训和提高训练，这个部分最复杂最难把握，也是这个课题成功与否的关键步骤。本章三节展示教学内容的专题设计、课堂教学中思辨力的培养、测试体系的建设所做的努力。

第四章“收集反馈：对《中国文化概论（英)》教学效果的合作性行动研究”是对解决方案的评价，对研究的成果进行总结，这种总结有上课后反思等感性材料，也借助统计、问卷、座谈等标准数据，从而得出改进教学多大程度上取得了成功，也为下一个阶段的研究计划和方案做准备。本章三节聚焦关于“文化词汇教学”的反馈、关于“能力培养”的教学反馈、关于师生“主体性”的反馈。

第五章“再次改革：对《中国文化概论（英)》的‘翻转课堂’的合作性行动研究”是第四部分评估后的新改革走向的描述，是我们多年合作性行动研究的经验的积累和升华，也结合了最新的教育改革的方法，可谓与先期内容步步相连，密不可分，指向现实问题，旨在改变现状。本章三节彰显《中国文化概论（英)》课程的“翻转教学”设计和功能、学生“团队为基础的学习”、教师推动学生“团队讨论”的策略这几个合作性研究的实践情况。

第六章展望合作性行动研究对教师个体、教学机构、国家都具有开展的意义，怎样在这三个层面促成合作性行动研究的开展。外语教师个体参与“合作性行动研究”的前景、单位支持大学外语教师进行“合作性行动研究”的前景、国家鼓励外语教师进行“合作性行动研究”的前景告诉我们：前人有经验可以借鉴，未来也有空间供我们去拓展，当更多老师组成富有自我批判精神的合作性行动研究教学团队，教育的改变极可能在某些方面影响到社会的变革。

本课题研究的基本方法是“合作性行动研究”的原则。在欧美社会科学工作者那里，“行动”和“研究”是两个不同的概念。前者指的是实际工作者的实践活动和实际工作；后者指的是专门受过训练的学者和专家对某些规律的探索。而“合作”一词，则是对群体行为的界定。因此，“合作性行动研究”指向多元化的研究方法，比如运用观察法来发现问题，运用调查法来界定问题，行动过程也可运用实验等方法进行。正由于在实际研究中会出现不可能严密控制的条件，其研究结果可能不像预期的那样圆满。

本课题负责人自2006年参与《中国文化概论（英）》课程教学，后来担任主讲教师（只在出国和休假时没有授课），自编教材，涉及面广，中英文资料均充分精炼，课堂设计用心，使用方法多样，力图以生动活泼的、易于被学生接受的方式进行讲授，同时注意提问和引导，做到知识的融会贯通，激发学生获取知识愿望，培养其思辨能力。所以，课题负责人对以“合作性行动研究”方法进行《中国文化概论（英）》教学改革有良好的教学基础。

教学研究方面，本课题负责人取得了一定成果。曾主持教学研究课题三项：“团队科研模式的探索：高校外语教师的合作性行动研究”，为高等教育学会自筹经费研究项目（06AIS0670011）；“硕士、博士研究生公共英语课分类教学模式比较研究”，中央财经大学2008年度研究生教学改革基金资助项目（08001001）；“批判教育学视角下的《中国文化概论（英）》课程改革”，为外国语学院教育教学改革一般立项课题。另外课程负责人作为第一署名人在国内外公开发行的刊物上发表教学研究论文数篇：《“批判教育学”对研究生英语教学改革的启示》，载《现代外语教学与研究

(2014)》，北京：人民大学出版社，2014 年 10 月版；《研究生英语词汇教学的“深化”策略》，载《研究生英语教学与研究（2011)》，北京：人民大学出版社，2011 年 06 月版；《外语测试反拨效应理论对研究生英语教学改革的启示》，载《研究生英语教学与研究（2010)》，北京：人民大学出版社，2010 年 06 月版；《英语学习中的“文化需求”》，载《英语知识》2008 年第 11 期，全文转载于《云南教育》2009 年 3 月版。

学术研究方面，本课题负责人有坚实的研究工作基础，参加过多个重要的科研项目，取得了相当的成果，可以从宏观上把握研究的走向、计划，组织科研活动，修订解决方案，反思研究程序等。课题负责人在外国文学、美国社会和文化、翻译等方面的重要成果如下：主持项目“莫里森文学创作与美国国家认同研究”得到 2015 年度国家留学基金（留金发〔2015〕3012）支持和国家社科基金（项目号 15BWW065）资助；主持项目“译介学视角下的中国古典文学作品英译”成为教育部人文社会科学研究 2006 年度一般项目；课题负责人 2002 年 6 月取得复旦大学中文系博士后流动站比较文学与世界文学方向博士后资格，师从上海外国语大学著名比较文学和译介学专家谢天振教授，研究翻译过程中的文化因素，2003 年 7 月，获得第 33 批博士后科学基金资助金；课题负责人还参编“20 世纪外国文学史”，此系国家社科研究“九五”规划重大项目，等等。课题负责人出版了《性别 · 种族 · 文化》（第二作者）、《译介学视角下的中国女性主义文学批评》及《身份的疆界：美国黑人女权主义思想透视》等专著，《绿帘》译著一部，在《当代外国文学》《读书》《外国文学评论》《美国研究》等刊物发表论文数十篇。

本课题成员均为大学外语教师，是外国语学院的教学学术骨干，毕业于国内外著名高等院校，学缘结构丰富，知识结构全面，大家都有热情和渴望，也有足够的能力使这个课题获得成果。就研究条件而言，我们可以依靠北京国家图书馆、本校和外校的图书馆及国外的图书馆获取与研究相关的权威而又及时的文本资料，我们拥有电脑及可以连接到因特网的必要的网络设备，也有机会参加国内外有关学术会议，及时汲取新的思想，追踪最新的学术动态。

第一章 掌握方法："合作性行动研究"概论

近几年来，合作性行动研究"已经成为许多研究项目的重要组成部分，在教育领域尤其如此"（Glassman，Erdem & Bartholomew，2013：272）。合作性行动研究的定义多样化，但都特别强调"团队"与"合作"的功能，不把变化当成个人努力的结果，而是认识到团体作为一个网络或者人与人互动的领域的重要性，合作能让大家分享目标，在社群的框架下促成变化。我们若是进行合作性行动研究，有必要先学习合作性行动研究发展历程，把握其特点，在汲取对我们这些外语教师来说可以运用的方法和流程之时，看出合作性行动研究对我们的意义。

第一节 合作性行动研究的发展历程

合作性行动研究的形成是在一定形势下许多人合力的结果，但我们可以发现有些人起到非常重要的作用，就像无法绕过的大山，为合作性行动研究垫下基石，通过梳理下列行动研究发展过程的领军人物的重要活动和基本思想，我们可以看出合作性行动研究的由来和历程。

一、勒温的"群体动力学"

库尔特·勒温（Kurt Lewin 1890—1947 年）被视为"行动研究之父"（Car & Kemmis，1986：162），因为其在"二战"后重建时期的"群体动力学"理论是行动研究的基础理论，合作性行动研究的其他重要人物都或是其学生或是其同事和朋友，都受到其强烈的影响。

勒温的群体动力学（group dynamics）亦称"团体动力学"，该理论简单说来即是，在群体中，只要有别人在场，一个人的思想行为就同他单独一个人时有所不同，会受到其他人的影响，团体成员对团体活动的兴趣、团体内成员的交往频率、各成员的遵从行为等也都能影响到一个团体的内聚力。这里，勒温把团体视为一个动力整体，这个整体并不等于各部分之和，整体中任何一个部分的改变都必将导致整体内其他部分发生变化，并最终影响到整体的性质。团体不是由一些具有共同特质或相似特质的成员构成，特质相似和目标相同并不是团体存在的先决条件。团体的本质在于其各成员间的相互依赖，这种相互间的依赖关系决定着团体的特性（Lewin，1944；1946）。

群体动力学理论是勒温把其早期研究个体行为的心理动力场或生活空间学说应用于"群体"研究的结果。生活空间包含了人及其环境。如果以 B 表示行为，P 表示人，E 表示环境，LS 表示生活空间，那么 B = f（PE）= f（LS），意即行为随人及其环境的变化而变化，行为随生活空间的变化而变化。生活空间中有三类事实，即准物理事实、准社会事实、准概念事实。"准"表示程度上虽然不够，但可以作为某种事物看待。相对于客观事实，被个体觉察到的那些事实可能与真实事实并不一致，因此只能被称为"准事实"。同时，生活空间可以分成若干区域，各区域之间都有边界阻隔。个体的发展总是在一定的心理生活空间中随着目标有方向地从一个区域向另一个区域移动。勒温认为团体和个体一样都是真实的，而非神秘的，因此，以上生活空间的概念也一定适应于对团体的研究，可以把研究个体心理学的方法搬过来。勒温指出，个体和他的情境构成了心理场，与此相同，团体和团体的情境就构成了社会场；个体的行为主要由其生活空间内各区域间的相互关系决定，团体的行为也主要由团体的社会场中各区域的相互关系所决定。任何一个团体都面临着内聚和分裂对抗的压力，分裂的压力主要来源于团体内各成员间交往的障碍或团体内每个个体的目标和团体目标间的冲突；内聚力则是团体内抵抗分裂的力量，内聚力是指团体成员间的正效价或吸引力，它的强度依赖于个体求得成员资格的动力强度。分裂和内聚是团体中时刻进行斗争的一对矛盾，一个良好的有生命力的团体必须要有较强的内聚性才能防止团体的分裂（Lewin，1944；1946；

1947a；1947b）。

群体动力学理论是在对社会问题的研究中逐步形成发展的，并被广泛应用到更多的领域中去。“二战”后，勒温开始与“社区间关系委员会”（Commission on Community Interrelations，CCI）合作，还领导一个旨在应对歧视和跨群体冲突的团队，这个“研究包含了勒温通常所谓的‘行动—研究’”，委员会的最高原则就是“没有行动就没有研究，没有研究就无从行动”（Marrow，1967：144）。20 世纪 40 年代中期，他在调查诸如工厂生产、少数民族歧视、食品购买习惯这样的社会实践中完善了行动研究的观念。勒温常被引用的文章《行动研究和少数族裔问题》（1946），是针对克利夫兰社区关系协会负责人弗兰克·包德乌（Frank Baldau，1946）文章所谈及的群体关系的系列问题：“二战”后美国的民族团结解体，族群之间泾渭分明，让人想到纳粹德国的种族歧视问题；需要知道该如何终止流言的扩散，如何不让父母用自己狭隘的视野来控制孩子所学，如何防止社区高端化，防止新人口对传统社区的侵蚀。勒温提出计划、行动、分析和再行动的“寻找事实”三阶段方案：第一阶段称为“解冻，即尽可能减少或消除与团体过去标准的关联；第二阶段引进或制定一个新标准；第三阶段是“再冻结”，这是建立在新标准之上的一种重新建构（Lewin，1946）。在所有的这三个阶段中，个体都要参与团体的决定，这样比单是向每一个个体提出改变要求要好得多。

勒温也把合作性行动研究的观念带到教育中，在他看来，行动研究包含对问题的分析、事实的发现、概念的抽象；行动计划、执行，然后发现更多事实或评估；重复整个活动；真正地、活动呈螺旋式重复，行动研究“创造出学习社区建立的条件”（Car & Kemmis，1986：162）；他主张研究过程中小组合作，因为群体的互动能有力地促成人们态度、行为方面的投入和改变（Oja & Smulyan，1989：3）；行为上，他与同事帮助中小学老师运用“合作学习策略”进行行动研究，给学生设计出系统的合作活动，并在其教室中开展。同时，教师通过撰写教学反思日记（reflective teaching diaries）收集大量的数据，这项项目使得“行动研究”和“合作学习”成为哥伦比亚大学师范学院的研究生的核心课程（刘良华，2001）。

群体动力学使得行动研究与合作有了关联。勒温以群体的性质、群体发展的规律、群体和个人的关系、群体和群体的关系等作为研究对象，实施的一些实验把群体研究与实证的实验方法结合了起来，这对后来的社会心理学的发展做出了很大的贡献，对社会心理学、组织管理心理学的形成和发展有很大影响，勒温"将行动研究视为反思、探究的螺旋式反复的过程，因了解群体结构的存在行动研究极其可能变得放开手脚、逐渐强大"（Burns，1999：27），不仅使他获得"社会心理学之父"的称号，也深化了大家对在实践中学习、群体动力学、行动研究的理解，在勒温这种实验研究的启发下，人们开始把这种方法广泛运用于社会各方面的改造上。

二、李比特等的"合作性"行动研究

虽然勒温的群体动力学是行动研究的推动力和理论支柱，但"行动研究"这个词语并非他所创造，许多社会活动家、政府和非政府组织研究者都对行动研究的实践有直接间接的影响。勒温是大运动的一部分，他的学生李比特（Ronald Lippitt，1914—1986）在他指导下工作，同时吸收别家所长，也堪称是行动研究的创始人之一。

如同许多复杂的思想一样，行动研究也是由许多大大小小的偶然事件促成的，李比特跟着勒温在爱荷华儿童研究中心做的第一个项目预示了行动研究的产生。他们建立了两个 10 岁儿童的对照组，一组采取独裁领导制，另一组采用民主制，带着孩子们开展活动并观察小组的气氛。实验为期三个月，结果前一组的小孩竞争激烈，且对领导表现出顺从或依赖，对自己的作品也少有满足感；后一组小孩组员间关系亲密，对自己的作品很有感情，很是珍惜。由领导方式造成的两组的差异在许多方面成为国家训练实验室和其他地方的行动研究发展平台（Lewin & Lippitt，1938）。整个实验的设计分组、观察记录的实际工作都是李比特在做，勒温起到指导作用。

李比特向学界和社会推介"行动研究"的原则和方法。他与人合撰并发表了第一篇用了"行动研究"之词的学术文章，提出迫切需要社会科学"理解、考察、挑战社会团体之间存在的歧视的机制"（Lippitt & Radke，

1946：167)，方法就是“行动研究”，当“重新—教育的过程是自然、自愿接受新的价值观和行为模式”时，变化就会发生（Lippitt & Radke，1946：172)。两人明确提出了行动研究的九条基本原则，半个世纪后《参与性行动研究》（McTaggert，1991）对此仍再次描述。这些原则中最重要的是第一条、第二条、第八条。第一条说，“团队应该发现一些业已存在的，或者被创造出来的事实”（Lippitt & Radke，1946：172)；第二条“团队，或是团队之代表共同决定‘我们该了解之事’”（Lippitt & Radke，1946：173)；第八条说，“有时候的需要超越了价值观或团队的社会洞察力方面的变化”（Lippitt & Radke，1946：175)。这三条在把行动研究者联系起来，是“合作性行动研究”的宣言书。而且，作为创刊未久的《社会问题杂志》的总编，为把行动研究介绍给更多读者，他把该刊1946年第4期做成行动研究专辑，还特地设计了该刊的结构，即社会组织提出问题，然后研究者评论说行动研究的方法能有效促成好的变化。当期的系列文章中就包含了勒温常被引用的《行动研究和少数族裔问题》（Lewin，1946)。

李比特把勒温的“群体动力学”与其他致力于行动研究的学者（比如布拉德福德、邦尼）的观点进行了融合。布拉德福德与芝加哥安居运动（Settlement House Movement in Chicago）密切相关，他相信通过教育项目改变生活质量的可能性，确立了成人教育是行动研究不可分割的部分，认为成人教育最终能造成脱胎换骨的进步（Bradford，1967)。他信奉成人教育先锋爱德华·林德曼（Eduard Lindeman）的说法，成人教育“在非独裁、非正式的学习中的合作性事业，其主要的目的是发现经验的意义；思想的求索深入给我们行为定型的偏见之根处；对成人来说，学习的技巧使得教育与生活相连，因此把学习本身提升到实验的角度”（Brookfield，1984：187)。另一位人物是哥伦比亚大学的肯尼斯·邦尼（Kenneth Benne)，他与杜威（Dewey）关系亲密（Feinberg，1993)，坚持杜威式的民主教育观念，认为把群体从独裁式的决策方式变为民主的问题解决方式的最好办法能通过直接的领袖训练程序实现（Dewey，1938)。这两位人物也和勒温、李比特一样堪称“早期的行动研究创始人”，个个都带来独特的关键部分：勒温贡献的是实践的群体动力学理论，李比特贡献的是决策中的独裁和民主的关系，布拉德福德的贡献是成人教育是一种转化的过程，邦尼是把民主性教育的过程应用到了成人训练中。"没有这四个人，我们难以想象行动研究该如何发展"（Glassman，Erdem & Bartholomew，2013：278）。正是李比特和布拉德福德、邦尼产生了深入的交流，把他们拉入他和勒温的团队，使得行动研究的视角得以扩展，跟随着布拉德福德，特别是邦尼，行动研究将承担"教学民主化"的功能，培育"解决问题"之中的平等性。

李比特领头开展的行动研究是康乃狄克州相互关系委员会（The Connecticut Council on Interrelations，CCI）的一个项目，其称为"行动研究历史上的柱石"，是"第一次把关注点从积极行动的社区转到使决策更民主的领导训练上来，也就是从勒温的文章转向了李比特和拉德克模式了"（Glassman，Erdem & Bartholomew，2013：278）。CCI 是处理社区歧视的先头部队，但是进展不佳，其行政主管向勒温求助，勒温当时是麻省理工学院的群体动力学研究中心的创办主任。CCI 寻求的介入是通过对其价值观和歧视的洞察，让人们改变态度，刚到麻省理工的李比特领头制订并实施了为期两周的新型训练项目，其指导思想融合了勒温、布拉德福德、邦尼和他自己四个人的理念，通过训练社区的领导来促成社区民主化和教育上的转变，结果行动研究的最重要的特点之一在 CCI 的实验中出现。一开始，研究者要培训社区的领导，他们之间的关系是研究者和研究对象的模式；研究者晚上聚在一起讨论他们收集到的信息，一些社区领导路过，问是否能旁听数据分析的过程，勒温马上同意了，结果在对数据的讨论中，一位社区领导说不同意研究者的看法，引发了双方对研究发现的讨论。勒温对讨论中的新观点很感兴趣，坚持以后数据分析过程中邀请社区领导参加，形成行动研究中的"反馈会议"，打破了传统研究中研究者和参与者之间的藩篱，改变了研究的"意味"，将之变成整个社群的创造性活动（Bradford，1967）。这种方法从根本上改变了社区领导的角色，曾经是介入的"客体"，现在变为研究过程的"共有人"。

李比特等人承担了国家训练实验室（National Training Laboratory，NTL）的行动研究项目的推进工作。受到 CCI 项目活动的鼓舞，勒温和李比特团队决定来年重复这种工作坊，基于群体动力学的基本原则，他们邀请政府、工业、民间组织的领导来参加，这就促成了位于伯特利的针对群体发展的国家训练实验室的成立。不久后勒温去世，李比特等人继续推进行动研究的进程。他们创立了三个中心文件来界定训练行动研究：（1）变化的阶段和个人在促成变化中发挥的作用；（2）团队本身的发展；（3）民主的意识形态对所有团队（Bradford，1967；Glassman，Erdem & Bartholomew，2013：279）。可以说，美国的行动研究基地中，康涅狄格州相互关系委员会（CCI）为干预项目播下成人教育的种子，国家训练实验室（NTL）则是行动研究的检验地，为行动研究的后续发展提供了保证和指导。也是在这个时期，行动研究在发展中形成了数个理论模块，李比特提到国家训练实验室的支撑点时说，在问题—解决程序中他们“注重倾听、寻求并运用其他人作为同辈及上下级之间彼此的反馈”，林德曼、杜威、勒温等人“对这种人际间民主的基本设想作出各自的贡献”（Lippitt，1986：155）。

三、怀特的“参与性”行动研究

威廉·富特·怀特（William Foote Whyte，1914—2000）开展的行动研究被称为“行动研究的第二战线”（Glassman，Erdem & Bartholomew，2013：279）。从时间上看，怀特的研究与李比特等人的国家训练实验室（NTL）项目的研究几乎同时，但基于比成人教育更广泛的社会学、工业/组织心理学，他读书时候所在的芝加哥大学社会学系在20世纪的头30年代声名鹊起，被誉为“芝加哥学派”发祥地，盛行实用主义思想（pragmatism），那里的社会学大家乔治·米德（George Mead）的观念探索了人类基于对彼此和自我作为群体中象征的认知而进行互动（Mead，1934），都对怀特有相当的影响。

怀特的行动研究最重大的特色在于“参与性”。怀特做的第一个重要的行动研究工作是追索波士顿东区的意大利贫民窟的社会组织，并写成《街角社会：一个意大利人贫民区的社会结构》（Whyte，1943），展示行动者/社区成员具体的互动模式，其复杂的相互关系以及常规的互动如何形成了具体的行动流程等。该书之所以成为一本名著，主要是由于它采用的研究方法——"参与式观察法"。他在书的附录一《关于〈街角社会〉的成书过程》中，解释了这种方法的形成过程。他最初的研究方案是要研究这个地区的历史、经济（生活水平、住房、交易、分配和就业等情况）、政治（政治组织的结构及其与非法团伙活动和警方的关系）、教育和娱乐模式、教会、公共卫生保健，以及，尤其是社会态度，为此他还与一个关心住房问题的私营部门取得联系，走家串户地登门拜访，甚至跑到酒吧和娱乐厅里准备与人搭讪，然而，结果并不成功。也就是说，怀特希望作为一个"非参与观察者"而存在，通俗点说，就是像一个录影机一样，只负责记录，不参与任何活动，并不能发现当地社会结构的形成及影响。怀特后来通过科纳维尔的街坊文教馆认识了多克——当地诺顿帮的核心人物——在他的大力配合下，才被社区接受，成功打入当地，研究才得以开展。而且，这个过程带来了其他变化：他的研究兴趣也从一项对整个社区的研究变为希望通过了解特定的个人和特定的群体；原来计划的量化研究也被访谈等定性研究替代，因为不得不根据自己收集来的资料来确定自己能够将什么内容作为研究对象，这与常规研究——先确立研究目标，然后建立假设，再收集资料来验证自己原来的假设——是非常不一样的思路。由于当时定量研究在社会学调查中占据主导地位，《街角社会》一书初版时命运不佳，怀特自己掏钱付印，没有稿费不说，出版之初的销售情况也不好。后来随着人们对定性研究、实地调查再次重视起来，这本书终于无可争议地成为一部社会学的经典。该书出版 20 年后，怀特成为美国应用人类学协会主席，再往后，在 1977 年至 1978 年，他还成为美国社会学协会主席。

怀特与李比特都看重个体与群体的关系，也就是说都有群体动力学的基础，但是怀特很多时候运用了米德的社会"象征"理论。他在《街角社会》（1943）中指出：群体的反应是被成员对彼此的理解和反应方式影响的，而他们对彼此的理解和反应基础在于预先存在的象征身份（比如领导、发起人、跟随者或者顽抗者），其早在小组之外就业已形成，很大程度上影响到小组内的动态互动，个体的具体名头（如经理）或者社会地位（如哈佛教授）会促成特定的社会互动类型，在小群体语境下难以对此有所改变。他认为要创造出群体的积极变化就要改变了一个组织的原有人际图景，即个体在组织结构中扮演角色。他早期著名研究是有关饭店的低效问题（Whyte，1949），这源于更广泛的社会象征体系，即男性工人（如装货员、厨师、酒保）很难意识到女性工人（如女侍者）能成为活动的发起人，这点难以改变（Whyte，1994），最好的办法是改变现存象征语境的互动模式。

和李比特一样想改变社区的现状，但是他对李比特的训练方式提出异议。1950 年怀特作为学界人士之一受邀来分析李比特等人主导的“国家训练实验室”（NTL）项目的进程。他关注的是训练方式，看到了对互动形式和权力关系的操控，觉得训练中一定得有个领导，领导对形成的互动能进行微妙的把握，“那些实验表明，让人们进入团队讨论……更能有效地改变其行为。对于谁是领导，毫无疑问，他或她就是把团队召集到一起，讲述要讨论什么话题的人啊”（Whyte，1994：182），他觉得李比特等人当时的行动研究偏离了勒温的群体动力学的思想。但也有评论者说，怀特说的关于谁担负了“国家训练实验室”（NTL）训练的设计之类的看法有误解，他对训练的原本意图和理论背景却所知不多，特别是不了解杜威、林德曼等人的思想，而“这些误解却成为此后行动研究方式的导向”（Glassman，Erdem & Bartholomew，2013：281）。

其实，李比特他们从开始吸收本地领导人进入项目的讨论时，就已经意识到被研究对象的参与的重要性；怀特则是在“参与性行动研究”中获得了经验，从而很重视有领导潜能的本地人物，避免过于看重活动参与者的学历因素。他们的做法的借鉴意义在于：为改变当地落后的状况，就必须从当地有影响力的人物入手，不断扩大他们与外界的联系，逐渐改变组织群体成员过去的行动惯例，才可能做到。

四、特里司特和阿吉里斯的“技术/科学化”行动研究

埃里克·特里司特（EricLansdown Trist，1909—1993）和克里斯·阿吉里斯（Christ Argyris，1923—2013）很早就在学术生涯上受到勒温的影响，尽管一开始时他们和勒温的研究团队没交集，但最终都回归到国家训练实验室（NTL）的行动研究项目中去，而且推动了合作性行动研究的

“技术/科学转向”。

特里司特被认为是社会技术系统学派的创始人。他尚在英国读研究生时就阅读了勒温的著作，还通过导师在勒温由德国经英返美期间与之见过面，探讨勒温的学术观点（Trist，1993）。与勒温的交往成为他职业发展的重要部分（Neumann，1995），“二战”后他创立了英国塔维斯托克研究所（Tavistock Institute），与同事对英国煤矿中长壁采煤法生产问题进行研究，发现这个地方的矿工更自主，所以在工作中更有满足感，产量更高，更有创造性（Trist & Bamforth，1951）。他的行动研究的创造性之一在于他的研究与心理疗法（psychotheraphy）关系密切，研究者说他的精神疗法因素“使得在决策层有权力的和不曾拥有权力的都改变他们的看法，知道为一个目标共同工作的含义”（Glassman，Erdem & Bartholomew，2013：282）。另外，与李比特、怀特等想改变现存的象征系统的企图不同，特里司特是想更好地运用社会象征体系，在工作设计中把技术因素与人的行为、心理因素结合起来考虑，研究中只分析企业中的社会方面是不够的，还必须注意其技术方面，因为组织既是一个社会系统，又是一个技术系统，而技术系统是组织同环境进行联系的中介，研究科学技术对个人、对群体行为方式以及对组织方式和管理方式均有影响，所以必须把企业中的社会系统同技术系统结合起来考虑，而管理者的一项主要任务就是要确保这两个系统相互协调。

阿吉里斯是怀特的学生，在怀特指导下开始其学术生涯。当勒温开设其麻省理工的社会研究中心、特里司特建设其塔维斯托克研究所之时，阿吉里斯开始投身到怀特在康内尔大学第一个重要项目中，观察并记录当地商务成员为主体的行动研究会议上各位导师的意见（Argyris，1992），他描绘了这些会议所形成的关系/互动，他们如何造就了具体的行动上的过渡。阿吉里斯后来在国家训练实验室（NTL）做了访问学者，与其他学者一道会聚到勒温的行动研究的本源之处。

阿吉里斯在行动研究领域的重大贡献在于他综合了勒温（Lewin）、李比特（Lippitt）、布拉德福德（Bradford）、邦尼（Benne）几个人建立的中心原则，也吸收了怀特（Whyte）团队中的社会网络之思想，发展出自己的观念，开始建构出行动研究的新视角，努力寻找促进组织变革的方法，并且提出把“行动科学”作为一种转变组织行为的工具来运用，“帮助大家理解独裁的、阶序明显的社区行动和民主化的、水平化的行动之间的关系”（Glassman，Erdem & Bartholomew，2013：283）。阿吉里斯等人发现，即便得到了“成功的训练”，人们所谓的在何种情况下将如何行动往往与压力下的实际行动有异，被团队训练的领袖看似终将改变他们关于决策的话语，改变他们以为自己会如何行动的信念，甚至业已形成的肤浅决定，但在自己和社区面临危机之时，实际的决策与旧的习惯相悖。在试图理解这种反习惯的决策过程之时，阿吉里斯遇上了他的重要合作者唐纳德·舍恩（Donald Schon），其研究专长是教育哲学，特别是杜威（Dewey，1938）的包含了解决问题五个步骤的实用主义逻辑。杜威说法中的第一步和最后一步是重点：第一步，是确定问题。要了解问题所在并非易事，有时候问题和最初的设想并不吻合；然而，只有意识到问题所在你才能探讨之，解决问题的前提是知道问题在哪里。第五步是测试你的方案是否可靠，要是问题仍然存在，你就需要对问题重新界定并从头再来。这和前面提到的勒温“调查—发现—再验证”的行动研究步骤有不谋而合之处。舍恩对杜威逻辑的理解与勒温、阿吉里斯的严格科学观匹配，开启了用计量之法来记录行动研究之变化的先河。

行动研究企图同时做两件事：创造出一个更加富有活力的社群，具有非阶层化、动态而民主的决策过程；创造出一个变化基础上的介入，好形成更高效、圆满且持续解决问题的能力。前者更像是艺术，而后者更像是科学。勒温想在两者之间保持平衡，虽然他愿意把行动研究的科学部分推到更远的将来去做，勒温团队中李比特注重训练团队的决策，而后来者阿吉里斯等把行动研究的科学性推进一步。具体说，阿吉里斯和舍恩（Argyris & Schon，1974）重新界定行动研究，把严格科学研究和产出性研究平等以待，他们衡量各种变化，视之为介入训练的结果，他们发展出任何机构中行动理论的概念，介入的焦点之一是记录“理论在实践中应用”发生的改变。所期望的介入效果（比如假定民主化的机构决策过程会比独裁化的效果更好）是完全与实用的逻辑测试分离的，不管训练介入是否成功（比如，新的运用行为实际上解决问题了吗）。所以，行动研究遵循了著名的勒温的模式——确立问题企图通过介入来解决问题，重新检验问题，但是新增加了分离的逻辑测试来看介入是否解决了问题，这是勒温一直纠结的科学问题。行动科学的过程在勒温和李比特的普世理论（民主的比独裁的组织更有创造性）中生发、保持（组织是任何研究/介入的起点），但仔细地记录变化的类型，变化的"产生"在于企图"重新教育独裁的领导，让其更民主"（Argyris，1997：817）。杜威的实用主义逻辑是阿吉里斯的"双循环学习"（Double – Loop Learning）基础：未能通过确定的理论造成变化，不是理论不行，而是对问题的认识有错误；所以除了发现并改正组织错误外，并且对组织现有的规范、流程、政策以及目标提出异议和修正，包括对组织的学习基础、特殊能力、例行常规进行变革。阿吉里斯由于在行动研究上的造诣被誉为"当代管理理论的大师"、组织学习理论的主要代表人物之一。

第二节　合作性行动研究的特点和界定

回顾行动研究发展历程，可见行动研究中的各领军人物的贡献和特色。勒温和李比特是推动、发展行动研究的先锋，其促成的国家训练实验室（National Training Laboratory），所主编的杂志是行动研究影响扩大的推进器，行动研究的方法也在国家训练实验室早期训练中发展到高峰，被认为是一种解放性的历程（Mezirow，1990），解放后社区、组织会更持久、团结也被视为理所当然；怀特作品中衍生的"参与性行动研究"，更加关注的是语境下组织的结构，社区成员通过改变互动模式而改变其行为轨迹的方式，变化是在组织的语境下发生的，而组织在世上早就存在，利用组织和组织领导进行社区改造是怀特提出的方向；特里斯特重视了行动研究中的技术和心理因素，而阿吉里斯等通过吸收勒温理论中的解放性和科学性，以及综合勒温等行动研究和怀特参与性行动研究的方面，创造了"行动科学"理论，即干预的基本逻辑点和框架是理论驱动、普世性但干预是否能为机构解决问题的结论的基础在当地的（Argyris，1997）。

各领军人物使用了各种方法进行行动研究，但又有共通的特点，对他们来说“行动研究是一种社会探索，社会团体的成员彼此互动，就他们团体内部的关系进行公开的对话，集体参与到一种学习的进程中，在他们的群体内促成社会变化”（Glassman，Erdem & Bartholomew，2013：274）。从步骤看，首先有一个社会化的问题，其次要以“行动”来挑战这个规则和习惯；在“研究”阶段需要成员间的协作，而且“研究并非是具体产出的客观记录，更是门艺术来发现、观察、跟踪团体成员间的各种互动”（Glassman，Erdem & Bartholomew，2013：274）。行动研究包含一系列的原则和流程，是社会行动的润滑剂，免于大家陷于既定的权力机制和惯性的思维模式中。笔者认为，合作性行动研究的特征至少可以概括为三点：“群体价值观”信念、“合作”的做法、“行动设计”的方法。这些有的是传统的革新，有的是完全颠覆传统的创新，均有极大的影响，这些也是界定合作性行动研究的基础。

一、“群体价值观”的信念

合作性行动研究聚焦在实践者和研究者当前面临的问题上，所有研究都要实践化或语境化，合作性行动研究的基础是社会群体（成员既是研究领域参与者又是研究者）的文化和价值观。而且行动研究者的信念是，一旦群体的价值观发生了变化，群体的气氛就会改进，在这种氛围中，人们会努力挖掘新潜能（Freeman，1984）。这种改造社会的信念是，行动研究者有自己的社会背景，可以说是西方人文主义的传统，而且在行动研究轰轰烈烈推进之后，更多人参与到对社会“正义”和大众“平等”的活动中，到20世纪六七十年代的社会运动之后，这种价值观更是深入人心。《文化创造者：五千万人在改变世界》一书说，美国成人中当前流行的价值观和社会关切是“文化创造”，即采用阅读、讨论、反思为特色的生活方式来积极追求意义、知识以及智慧，看重生活中正在发生的剧变和真相，关注针对社会正义的内在意识和外在行动。在过去40年里，社会创造者的人数从美国成人中的5%升至25%，人数达到五千万，来自各个阶层，但是几乎一半人是富裕而受过良好教育的，相当多的是被人文主义价值观所动员起来的女性。这些人唤起大家对边缘事物的关注，对主流问题的质疑（Ray and Anderson，2000）。行动研究的群体动力学在社会运动和进步的潮流中得到了验证。

二、"合作"的做法

我们在对行动研究发展历程的追溯中发现各种各样的合作现象，比如当不同背景的研究者一起工作去解决问题，比如研究者和被研究者共同参与某些问题解决方案的制订，还有政府部门与研究所之类的合作。有时行动研究也许是个人发起的，但动力指向合作，对社会互动、人际关系的强调都会吸引别的参与人进入研究流程，"行动研究的关键在于实践"（McNiff，1988：21）。尽管如此，为大众都接受的精确的关于"合作"的定义还是难以确定，几十年后的今天仍是如此有人说。"合作"涉及的伙伴们是在一样的基础上行进，达成惠及彼此的目标，强调"平权"；有的则是根据特定语境而定义"合作"的含义，有人说"合作性表示每个团队研究的计划、执行、分析、报告，那个团队的成员在合作的流程中做出各自独特的技能和专业的贡献"（McKernan，1996：12），也有人表示合作性的伙伴关系是携手的努力，涉及为达到共同的系列目标而进行的专业能力的汇聚和分享（Richards & Elliott，2001：1－2）。然而，不争的事实是行动研究中"合作"的做法的重要性不可言喻，"同事之间、实践者和研究者之间可以合作调查，一起作为团队工作，团队持续地界定、再界定研究的目的"（Atweb，Kemmis & Weeks，1998：151），跨学科的智慧和灵感的激荡，不同背景乃至不同阶层的人群之间的互动，使得"合作"带来的效益十分明显，也促使更多的研究者走向"合作"之路。

三、"行动设计"的方法

行动研究用行动设计发展来进行研究，也将社区成员作为变化的基本推手。华莱士认为，做行动研究是系统地收集你每天实践的资料，分析，是为了能决定未来应该如何实践（Wallace，1998：4）。其实，合作性行动研究用了许多与传统研究相同的方法，但目标一直是在有限的工作场地把这些工具用好，量化研究控制一组变量来决定因果关系，说明这些关系的优点；质性研究运用描述、叙事的手法来收集数据，来理解事情的方式和意义（McNiff，2000；Nunan，1992）。合作性行动研究力图在理论和实践两方面促成变化。它不仅在特定的场景下提出问题，也在小的范围内解决问题。研究者是实践者，研究涉及对自己和同事的实践进行调查思考。

行动研究的“行动设计”是灵活的，而非固定的。前面提到的勒温模式有呈螺旋状的四步：计划、行动、观察、反思。在前人基础上，有人提出了五个阶段模型：问题公式化，数据采集，数据分析，结果报告，行动计划；而在其澳大利亚语境下，这五个阶段细化为 11 个（Oja & Smulyan，1989：5）。麦克楠（McKernan，1996：29）用图表形式显示行动研究中“行动设计”的“时间进程”循环模式，见下图。

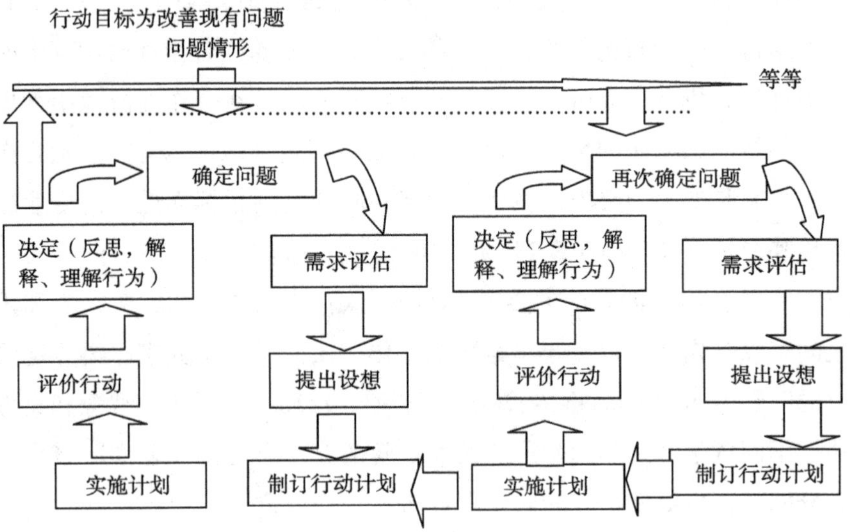

行动研究的过程也可以简化为下图的形式：

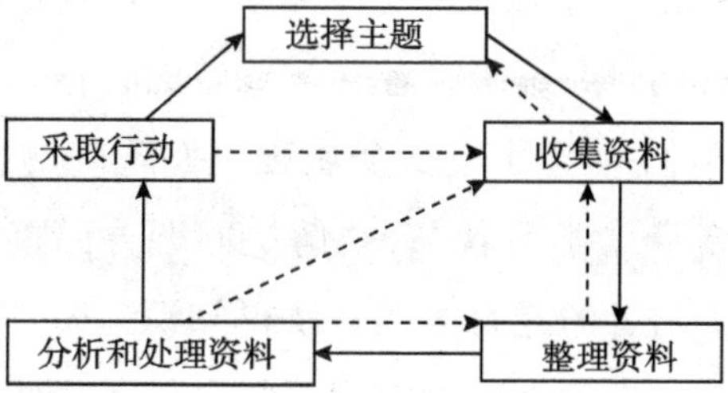

这里可以看出"行动研究"指向多元化的研究方法，具有实践和研究反复结合的特征。从合作性行动研究的以上特征我们可以看出，此种研究和我们所习惯的常规研究有较大区别，通过下表的比较，或许可以对行动研究有一个更为深刻的理解。

	常规研究	合作性行动研究
研究者是否需要接受一定的培训	通常需要	自我培训或向专家进行咨询
研究目的	获取普遍性知识	获取运用于自己工作情境的知识
确立研究问题的方法	对以前研究的研究	工作中面临的问题或打算实现的目标
研究者与研究对象关系	"针对"对象	与对象"一起"做
结果的应用	强调理论上的重要性	强调在实践中的重要性

可以看出，作为一种社会科学的研究活动，合作性行动研究的发现反馈旨在促成变化，会直接用于实践，是与对象"一起"做，或由直接与社会场景（如教室）的人（如教师）直接执行；传统研究则是"针对"对象，由研究者对实践组、控制组进行研究（McNiff，1988：4）。

至此，我们可以开始探讨合作性行动研究的概念和界定，确切的定义很难。从目的论看，"行动研究就是一种自我反思的追问，由在社会情境下的参与人执行，为的是证明他们自己的实践的理性和正义，他们对这些实践的理解，以及进行这些实践时的各个场景"（Carr &Kemmis，1986：162）；从方法论看，合作性行动研究显示，"每个团队研究的计划、执行、分析、报告，那个团队的成员在合作的流程中做出各自独特的技能和专业的贡献"（Oja & Smulyan，1989：10）。还有更多从不同视角的定义。各种定义的核心在于：首先，行动研究是一种用以解决实践问题的方法，促成社会变化。其次，行动研究是研究者和实践者的合作，涉及问题的相关人员的合作性参与，他们一道处理整个流程，发现问题的解决之道及其依据。最后，研究者变身“学习者”，在解决问题方面重新自我教育，获得新的视角；合作的参与者的能力增强，获得知识；循环、延续的过程，不见得取得所谓的成功，但这个过程中能了解自己既往的观念和结构如何束缚更大的可能（Glassman，Erdem & Bartholomew，2013：274）。笔者认为，“合作性行动研究”（Collaborative Action Research）即行动者相互协作对自己的实践进行批判性思考，以“理论的批判”“意识的启蒙”来引起和改进行动，也就是说，实践工作者试图科学地研究他们的问题以指导、纠正和评估他们的决策和行动的过程；“行动”和“研究”并行，在学界，在社区、组织机构甚至政治体系都在用这种研究方法，足以证明其深远的影响。

第三节　教育领域中的合作性行动研究

早期行动研究者都有通过“教育”促成转型的实践，当然这些实践都是事关“成人教育”，尽管勒温和阿吉里斯都不认为自己是成人教育家（Watkins & Wilson，2001），但是行动研究原是社会科学领域的一种研究方法，对于社会活动具有极为独特的价值，教育活动是一项重要的社会活动，行动研究得到教育研究的很大关注。

一、发达国家的教育界合作性行动研究

行动研究于20世纪50年代进入了美国教育科研领域，运用范围日益扩大。斯蒂芬·考瑞（Stephen Corey）在1953年出版的《改进学校实践的行动研究》一书中，第一个系统地将行动研究定义到教育中来，提出所有教育上的研究工作，经由应用研究成果的人来担任，其研究结果才不致白费（戴长和，等，1995）。考瑞相信，通过行动研究改变教育实践极为可能，因为老师、督导、行政人员都会投身于问题探究和对发现的应用当

中；行动研究的价值在于促成实践上改善的程度（Oja & Smulyan，1989：4）；和勒温一样，考瑞强调需要研究者和教师为共同关心的问题一起工作。一旦研究显示改变的必要性，教师之间的合作、研究者和教师的合作更有可能促进参与者致力于改变自己的行为，教师成为实验者，在群体中能汲取更大范围、更为多样的洞察力和行事能力（Oja & Smulyan，1989：4－5）。他列出的行动研究的过程中，教师确定问题、提出设定或者预设某种行为的后果，然后设计并执行一个测试，得到证据，对结果进行概括。实践者运用这个实验模型或者设想—测试模型为基础进行未来的决策和行动（Oja & Smulyan，1989：5）。然而，当时美国教育界有不少人批判行动研究不科学，不够见成效，大学学者、研究者以及其他实践者中都有人质疑行动研究的益处，诸如"实践者不熟悉做研究的基本技巧，老师们没有时间去做研究，他们放进研究里的时间分散了他们对教学的注意力"，因为他相信"外行摸不到研究之门"，没有人考察老师们把他们的研究付诸实践后怎么样了；所以说，行动研究不是真正的研究，不能达到科学方法论的硬性标准（Hodgkinson，1957：142；Oja & Smulyan，1989：5－6）。行动研究作为一种研究模型让人疑虑重重之时，更由于联邦拨款机构往往更注重学术研究，许多实践者也因为在教育领域没有带来期望的变化而不好意思开展行动研究，有些教师担心自己原先稳定的地位会被动摇而阻碍行动研究之类（刘良华，2001），美国20世纪中叶之后，教育领域的行动研究的兴趣减弱。

有趣的是，行动研究在美国教育界没落之时，却在其他国家兴起。20世纪70年代的英国教育界形成了关注合作性行动研究的语境。劳伦斯·斯腾豪斯（Lawrence Stenhouse）与他的继承者约翰·埃利奥特（John Elliot）是当时英国教育行动研究的两位重要推动者，他们把勒温观点延伸到教育领域，对后来的英国教育界的实践产生了很大影响。斯滕豪斯提出了著名的"过程模式"课程理论，认为课程的研究和开发应该是一个动态的、持续发展的过程，课程的设计应该是研究、编制、评价合而为一的，人们可以通过详细说明内容和过程中各种原理的方法，来合理地设计课程，而不必用目标预先指定所希望达到的结果。他的模型是以一线老师的批判性判断为基础，用自主的、实验的方式贯彻教学大纲。这模型特别有力地证明了当下职业教师实践中的合作性行动研究的功能（Burns，1999：28－29）；参与项目的老师产生了重大的变化，比没参加项目的教师更想得到更高级别的研究和发展技能，态度更积极地想在教学中运用研究发现（Oja & Smulyan，1989：10）。通过“校委会人文课程项目（1967—1972）”，他的工作产生了重要影响，使得行动研究与“教师也是研究者”的理念被接受，他也成为英国著名的课程理论家、在教育研究和探讨课程的设计发展方面做出了卓越贡献的学者、东英吉利大学应用教育研究中心的创始人之一。

随着合作性行动研究的盛行，更多著作出版，来探讨如何生成真实可靠的合作步骤。安妮·伯恩斯（Anne Burns）执行的“澳大利亚成年移民英语项目”（Australian Adult Migrant English Program，AMEP）是合作性行动研究的范例，该国家项目内含150名教师，都强烈支持加入合作性行动研究的观念，结果这方法不仅增强了他们自己的研究技能，也成为其职业发展的有力途径（Burns，1999；伯恩斯，2011）。

随着合作性行动研究的深入发展，各国教育界学者认为合作性行动研究能助人追求自由、自主和解放，从而把行动研究看作教师和其他教育实际工作者所进行的一种自我反思的研究，倡导教师等对自己的实践进行批判性思考，《国际教育百科全书》中把行动研究定义为“由社会情景（教育情景）的参与者，为提高对所从事的社会或教育实践的理性认识，为加深对实践活动及其依赖的背景的理解，所进行的反思研究”（Husen，1985：35）。这样，在教育领域，“行动研究”一词的内涵就是“内部人”的研究，实践者运用自己的场地（教室、机构、学区、社区）作为研究的焦点（Anderson，Herr and Nihlen，2007：2）。这是个反思的过程，但是不同于孤立的、自发的反思，原因在于这是刻意的、系统的运作。

国际上，行动研究被广泛应用在很多的研究领域。但我国学者对行动研究的关注还只是最近几年的事，国内在这个领域的研究主要是以介绍国外的研究理论为主，在实践方面几乎是一片空白。近几年来，教育界普遍认为行动研究是解决教师发展问题的有效途径，关于“行动研究与外语教学”这样的题目已经频频见于中文报刊杂志，内容上看，大多数的案例都是针对中小学的，或者是没有针对性的对行动研究在外语教学中的意义等方面的泛泛而谈。唯一的一本看似有实证的专著《英语教师行动研究)》（王蔷，2002）的读者对象是"中小学英语教师"，对大学老师难有具体的帮助。由于实践性强，随着时间的推移，"行动研究"也会越来越重要，未来必然是具有很高的价值。

二、教学中合作性行动研究的目的和步骤

合作性行动研究旨在促成变化和实践上的改善，教学中的合作性行动研究有两个目的，即教师发展和提升教学实践。

合作性行动研究之所以能促进教师发展是因为通过这方法教师们能以结构化形式反思有趣的或者有问题的领域，打破"阻碍职业"的孤立状态，使得"没有教师是孤岛"（Wallace，1998：207）。伯恩斯也说，"教师们有很大兴趣去合作，为了调查并批判性地反思他们自己的教学场景，一起把行动研究的原则付诸实施"（Burns，1999：12），通过参与研究，教师变成具有批判性和反思性的实践者，变得更加熟悉研究的语言、方法论和设计等。所以这是教师发展一个的过程，"汲取了在内部实践者的探索和反思（Felicity Armstrong and Michele Moore，2004：2-3）。

合作性行动研究的第二个目的是促进教学实践。参与人将以更好理解的教、学方式来计划、执行、反思，实践上的改善建立在对许多问题和变通之法的系统调查上。应该指出，要求有理论基础去"理解教与学的种种观点，观念要建立在课堂的现实中，在现实中去计划应对持续的变化"（Oja & Smulyan，1989：209）。1992 年研究者与西北教育行动研究联盟 LEARN（League of Educational Action Researchers in the Northwest）协作的实践报告，说教师们利用名为合作性行动研究的流程提升了教—学程序（Sagor，1992）。2009 年一份调查报告研究了选修"学习和学习情境"课程的 7 男 5 女共 12 名博士研究生，年龄区间为 30～60 岁，读研年数从第 1 年到第 5 年，工作时都是英国的教育从业者。结论是，通过对实践反思，研究提供了能产生全新教学方法的积极机会，让人形成对教学过程的新的洞察和理解，更点亮了对政策相关变化的效果的评判（Pilkington，2009：

174）。

其实，“行动”和“研究”原是两个不同的概念：前者指的是实际工作者的实践活动和实际工作；后者指的是专门受过训练的学者和专家对某些规律的探索。为了进一步激发研究者的创新精神，使之从集体的智慧中获益，“合作性行动研究”这一课题被提出并倡导。“合作”一词就是对群体行为的界定。就教育领域而言，“合作性行动研究”一般分为几个步骤：（1）参与的教职工成员选择一个大家都感兴趣的主题或专业；（2）收集、组织、整理关于这个主题的资料；（3）在这些资料的基础上采取行动。行动研究参与者应该不断改进他们的研究过程。“合作性行动研究”要取得成功，必须尽量利用信息和资料。通过集体分析和处理，这种定期收集的数据可以帮助研究者发现多种选择方案，然后作出选择。而合作性行动研究有六大步骤：确定问题；收集数据并进行分析；采取行动；收集更多数据并微调计划；反思并汇报研究结果；发现新问题，启动下一轮研究。

第二章　发现问题:《中国文化概论（英）》的课程现状

按照合作性行动研究的步骤，我们首先要对问题所在进行界定，也就是《中国文化概论（英）》这门课有哪些问题需要解决。

《中国文化概论（英）》指的是用英语讲授的《中国文化概论》。总体上看《中国文化概论》的授课对象大体上有三大类："作为公共课学习的中国高校学生，作为专业课学习的汉语国际教育专业的中国学生，作为通识课学习的外国留学生"（杨丽萍，2014：167）。《中国文化概论（英）》因授课语言的国际化可望获得更广泛的应用：除了以上三类用途，还可以作为英语专业的限选课来提高学生的跨文化交际能力，作为公共英语的选修课拓展大学生、研究生的英语运用能力和文化素养，还直接在海外面向没有汉语基础的大众讲授来传播中华文化。有的教师和高校已经在开设《中国文化概论（英）》课程，但在探索中尚有可以改进之处。我们合作性行动研究课题组通过问卷调查、访谈、课堂观摩和资料分析对《中国文化概论（英）》课程现状进行了研究，发现了其开课的数量不足、授课内容和学习效果不理想、测试方式上存在"一卷定终身"的不当，据此重申了英语学习中的"文化需求"，提出从内容和授课方式、测试方式方面等教改的走向。

第一节　英语学习中的"中国文化需求"

20 世纪 80 年代以来，文化教学一直是外语界的一个热门话题，文化教学的重要性得到中国外语教育专家和教师的广泛认同，文化教学也取得了可喜的成果。但越来越多专家和教师意识到一个问题：文化教学过多地偏重目的语文化（西方文化）的学习，却忽视了我们本土文化——中国文化的学习。在英语教学中培养学生的跨文化交际能力是社会不断发展的要求，在此过程中过于重视学生对于目的语文化的学习而忽略了本土文化的学习这一现状令人担忧。2000—2007 年"中国知网"上探讨英语学习中中国文化教学的文章共 40 篇，其中 17 篇都是"批判"这种"缺失"，另外 23 篇，解释了用英语学习中国文化的必要性和可行性。最近，有人对这种"缺失"进行了实证研究，比如以非英语专业大学生为对象展开调查，发现"参加测试的大学生用英语表达中国文化的能力较弱，文科学生和理科学生在表达能力方面没有显著差异，文科学生略好于理科学生"（景芳，2013：Ⅰ）。有研究者以华中科技大学大二四个专业的学生为研究对象（共 200 人），通过问卷调查和开放性访谈结合的方式，同样得出大多数学生对用英语讲授的《中国文化概论》有"内在学习动机"和"积极的学习态度"（刘璐，2013：Ⅱ）。

这个"英语教学中母语文化缺失"问题我们也早就注意到了，而且我们于 2010 年对 2009 级非英语专业的 120 名研究生和英语专业的 30 名学生进行了"用英语表达中国文化的能力"抽测（我们用附录 1 的题目先进行了笔试，附录 1 中Ⅴ—Ⅵ的部分题目又被作为抽测题进行了"口试"，笔试和口试都结束后又对部分学生进行了有关测试的访谈）。我们的测试卷分为六个部分，第一部分连线题，学生通过"排除法"之类考试"技术"（访谈时有学生如是说）失分较少；第二部分为判断，考查知识点的精确度，结果学生"胡蒙乱猜"，得分率为 50%；第三部分填空，对知识点精确度要求更高，学生基本上空白为主，失分较多；第四部分为翻译题，要求一字不差记忆古文原文，本科生比研究生的得分率更高，访谈中学生说是"高中背书的底子"在起作用，"如果是中译英那结果就会更糟糕"，表达出对英语传达古典文学字句的不自信；第五部分为简答题，学生空题不答的人数大增，而答题的学生多数词汇贫乏，说法简略，没有新内容，有的还文不对题，生拉乱扯，访谈中有学生说，"从来没有想过、接触过这些话题，一时反应不过来，不知道该说些什么"；第六部分作文题，本意是深入考察学生的思想深度，结果却发现学生和对付简答题一样，不知所以然，尽管这样，我们还是对每一篇都进行了详细批改，发现身经英语考试多次磨砺的研究生果然比本科新生词汇量大，语法概念清楚，但是思想深度上看，研究生的作文也好不到哪里去。至于“用英语表达中国文化的能力”口头测试，结果也不容乐观。虽然学生们的英语听说水平可以应付日常会话，有9%左右的学生甚至可以说在发音、日常语言的准确性、流利程度和交流能力等各方面表现都较出色，但是他们对探讨专业性学术性较强的中国文化的内容明显地感到力不从心，仅能就所给中国文化话题说上几句话，无法深入，而且由于没有新内容可谈，他们表达中经常出现停顿和重复。

测试结果也验证了我们的感性认识：比较而言，研究生和本科生用英语表达中国文化的语言实际应用能力是相对薄弱的，并没有真正地掌握中国文化的特定英语体系来作为有效的交流工具。分析学生用英语表达中国文化能力缺失的原因，我们觉得有以下几个方面的因素。

其一，测试导向的英语教学以及外国文化为中心的大学英语及专业英语教学。英语测试在国内不计其数，测试内容中英语文化所占比重巨大，学生因此更加重视英语文化的摄入，而忽视英语测试中罕见的中国文化的内容和表达。而大学英语、专业英语教学的重点也放在了外来文化上，学生使用的听、说、读、写材料中基本都是英语文化的内容。这样，学生接触的教材中中国文化的信息就少，课内外英语活动中也同样是鲜有中国文化相关内容的介绍。所以，虽然身为中国人，我们学生所了解到的中国文化多是从报纸、电视或口口相传中习得，不全面、不系统不说，更无法流畅地用英语表达出来。

其二，教育者误解了跨文化交流，忽视了对中国文化的教学，应该知道跨文化交流中中西文化的“输入”同样重要，语言能力和文化知识应该同时培养才能达到目标语环境下的相互交流。语言的交流和文化都是双向的，交际的任何一方缺乏对本国文化的了解，都会在交际过程中造成交流不畅、信息失真的问题，难以准确地理解对方，表达自己。教育者需要改变原来英语教学理念，重新评估英语教材的编写和授课内容的改动，运用测试的“反拨效应”来引导学生的投入，也就是说，通过改变教学目标、教学方式、评价方式等途径来激发学生对于此课程学习的内在动机以及对中国文化学习的积极态度。

其三，英语教师自身见识局限，无力在英语学习中以目的语文化为切入口，导入中外文化对比的讲解，让外语教学变成了语言碎片的输入。任何一种文化都是“系统工程”，自有其起源、发展、存在或消失的根由，粗浅的、一知半解的、道听途说的文化解读于事无补。我们的英语教师由于多年传统的训练方式，当然不是专业的“国学大师”或专家，但是我们有语言的优势，可以借鉴英语界汉学家的研究成果，借鉴一些有经验的国学专家，将当下的热点问题以及研究成果运用到现代的思维方式中，掌握学术的前瞻性问题，学会内修外援。这样，英语教师才能保证在中国文化内容的讲授中做到思路清晰，思想深邃，视野广博，才能让中国学生学会用英语理解、表达中国文化现象中有价值的一面，对中国文化系统有较为深入的理解。

针对调查中发现的问题，我们认为，在英语语言学习中，“文化需求”是客观存在，中英文方面的“文化”背景知识同样重要。我们需要的是双管齐下的“文化教学”实践。中国学生英语程度的提高，除了在语音、语法方面多加训练外，必须从“文化”的高度入手，这样才能体味到其中的深味，实现语言学习的目标。语言是一种工具，又是一种文化，包含了民族的思维方式、传统文化及审美情趣。单词中有“文化”的内涵，玫瑰花在汉语文化里被诠释为“带刺的美人”，如探春；在西方文化里 rose 是爱情的象征，被比作 rose 的女孩子一定是活泼奔放、热情可爱的，且不会带“刺”。色彩也包含了文化的意蕴，比如翻译名家 Hawks 把《红楼梦》中的“怡红院”意译为“the House of Green Delight”，“红”变为“绿”却让英语国家人更能体会到宝玉的勃勃生机。数字中有文化，13 就是西方基督徒心理上的“结”（因为耶稣死在 13 日），而中国人忌讳 4（因为谐音是“死”）。另外，汉英两种语言文学在句法、遣词造句、成语典故的运用方面都存在极大的差异。如此等等，因此语言学习中有强烈的“文化”需求。

满足这种“文化需求”的手段是多样的。英语专业的学生一般会接触到相关的课程，比如英美概况、英美文学选读、英美社会与文化、西方古典文化等。此类文化课程可以拓展学生的知识面，有效地提高跨文化交际的能力，但学生要获得更高层次上的认知与共情的能力，还有待于长期广泛地与目的语文化的接触。学生可以把此类课程当成“索引”，自己按图索骥，去阅读相关的书籍，积累英语文化的相关素养。学英语，应该适当了解英语国家的历史和政治体制的相关信息，读一读欧美的历史书和政治书都是非常必要的，这些书中英文版本的皆可，因为按照知识“匹配”的原则，以后学生在接触到相关问题的时候，就会有比较敏锐的感受能力和理解能力。

在英语文化知识的汲取过程中，有三大块是不可或缺的：古希腊罗马神话、圣经故事和莎士比亚作品。西方文化源于古希腊罗马，相关的神话故事反映的不仅是古代的社会风情，更包含了西方文化观念的众多“原型”，比如后来被弗洛伊德演绎为“恋母情结”的俄狄浦斯的悲剧。《圣经》的重要性自不待言，这是世界上发行最广泛的书，在英语世界里来自《圣经》的箴言和典故人尽皆知，而部分意象如 Noah’s Ark（诺亚方舟）、Garden of Eden（伊甸园）等已经是全球人共享。莎士比亚影响非常深远，其戏剧和诗歌中的句子、人名、故事都渗透到英语语言中，像 to be or not to be（Hamlet 面临重大抉择时候说的独白）、Shylock（夏洛克）、Romeo and Juliet（爱情故事《罗密欧与朱丽叶》）等则是让全世界的文化人都“会心”。英语学习者要一下子把握以上三大块的内容可能会感觉困难，初学者可以从一些“普及本”开始知识的累积。古希腊罗马神话的英汉对照的版本国内有很多，选择其一即可；美国人房龙（Hendrik Van Loon）的《漫话圣经》（*The Story of the Bible*）文字简洁，故事生动，英文版的难度不高，拥趸者众；英国名作家查尔斯·兰姆和姐姐玛丽·兰姆（Charles & Mary Lamb）合著的《莎士比亚故事集》（*Tales from Shakespeare*）改写了莎士比亚戏剧的名篇，读本简易但通篇闪烁着莎士比亚智慧的丽光华彩，几个世纪以来广为读者喜爱。

在吸收英语文化的过程中，相应的中国文化知识的补充非常必要，出入中外，熔铸古今，徜徉于语言文史诸学科之间才能成就大器。老一辈学者大多学兼中外：国学大师如王国维、胡适、陈寅恪等俱是外语的高手，而外语专家如吴宓、许国璋等在国学上也有深厚的根基；钱钟书学西文出身最终化身为国学之泰斗，朱生豪本来学的是中文却以翻译莎士比亚而令人高山仰止；专治汉语而出身外语者不乏其人，如王力、吕叔湘等。在英语学习中，我们不妨读一些中国古代典籍的英译本。从文化角度看，翻译是不同文化交流、会通与融合的关键，著名语言学家吕叔湘认为，读书是一件乐事，名篇而有佳译，读起来更是一件双重的乐事（转自《外语教学》2005 年第 3 期第 65 页）。译介中国文化方面成绩突出的海外翻译家有不少，比如 Arthur Waley，David Hawkes，James Legge，Ezra Pound，Burton Watson，Stephen Owen，Cyril Birch，A. C. Graham，Kenneth Rexroth，David Pollard，Victor Maird，Bernard Carlgren，Goran Malmquist，Torbjorn Loden，刘若愚、柳无忌、叶嘉莹、叶维廉、孙康宜、余宝莲等。国内致力于中国文化向外译介的大家也有许多，像杨宪益夫妇、傅雷、杨绛、英若诚等人在翻译艺术上都达到了炉火纯青的境界。

我国传统的英语教育过于偏重语音语法等“基本功”的训练，一些外国人对“文革”后外语学院的学生的评价是“语言流利，头脑空洞”（《外语教学》2005 年第 1 期第 5 页）。在语言基本功训练的基础上，英语学习者只有广泛阅读，才能做到不仅语言流畅，而且言之有物。培根在《论学习》中说：“读史使人明智，读诗使人灵秀，数学使人周密，科学使人深刻，伦理学使人庄重，逻辑修辞之学使人善辩；凡有所学，皆成性格。”英语学习者应该竭力拓宽自己的知识面，这样才能成为英语学习者中的“文化人”。

可以说，无论是公共英语教学还是专业英语教学，加强中国文化的内容都是一项亟待开展的工作。如果没有条件开设《中国文化概论（英）》课程，那么我们需要做的是利用各种方式加大中国文化内容的导入，比如课堂讲解、讲座、竞赛、参观、电影欣赏之类，以拓宽学生思路，扩大知识面，激发其对文化比较、文化交流的兴趣。具体到不同的课型，也有不同做法来引入关于中国文化的英文，比如视听说课堂上，可用 discovery 频道的有关中国的视频来完成知识的导入，再让学生通过讨论、演示或演讲等形式“输出”，使得知识内化，以助于以后的对外交流；阅读课也一样能增加英文中国文化资料，帮助学生学会中国文化词汇的地道表达，也让学生了解作者所属文化的特点；写作课则可以对比中英文体、思维方式、篇章结构的差异，以便克服英语学习中“负迁移”现象，提高英文书面表达的能力和水平。

长远看来，《中国文化概论（英)》课程应该是大学公共英语和专业英语的必修课程。从国家层面讲，《中国文化概论（英)》课程的开设、教改与中国文化战略密切相关。我们需要激发青年学子对中国文化的兴趣，培养有中国文化意识的公民，以及他们用国际通用语——英语来表达这种认同的能力，同时也需要进行文化输出，以期引起国外人士对中国文化的兴趣。只注重目的语文化输入的文化教学导致了大学生、研究生在跨文化交往中不能很好地用英语表达中国文化，这对于中国文化在世界范围内的传播极为不利。另外，我们用英语在海外进行专门的文化传播活动也有待增强，选派教师用英文在海外讲授《中国文化概论》不失为一个好办法。

第二节　《中国文化概论（英)》教学改革的方向

为了改善中国文化在英语学习中“缺失”的现状，国内一些高校实行英语教学改革，满足学生英语学习需求，增设《中国文化概论（英)》课程。已经开设的《中国文化概论（英)》课程尽管从数量上与西方文化类课程难以匹敌，但也已经取得了一定成功，我们用同一份“用英语表达中国文化的能力”测试卷（附录 1）来对照学习过《中国文化概论（英)》课程的学生和没学习过该课程的学生的能力，发现了学生能力的提高。第一部分连线题，学生没有人失分；第二部分为判断，个别学生有失误；第三部分填空有个别学生失分较多；第四部分为翻译题，要求一字不差记忆古文原文，学生书写的准确性不是很好；第五部分为简答题，有的学生因答得过于简略而失分；第六部分为作文题，学生大多写得很好，不过有的在语言上，有的在论证章法上还有待提高。尽管学生仍旧在测试中出现各种问题，但已经属于教学技术和学习态度问题，教师以后在教学中需要做的是，更多强调学生易于模糊的概念，要求学生准确书写部分古代名言和译文的辨析，教会学生答题的技巧和写作中论证问题的方法，如此等等。

然而，由于《中国文化概论（英）》课程开设时间短，该课程的教学改革仍然迫在眉睫。尽管不少教师发表了自己的教学经验，但是我们看到在教学的指导思想、现有的英文教材、教学效果、测试方式上存在不足，正如几年后某老师所总结的中文的《中国文化概论》的教学问题那样，多数高校任课教师是采用教材“课堂上照本宣科，填鸭式灌输学生知识，期末时闭卷抽查考试教材上若干重点内容，学生平时上课被动接受知识，考试前则临时突击，死记硬背考试范围。如此一来，学生对本课程学习兴趣自然不大”，学生“甚至多在中国文化概论课堂上私下自学本专业课程或备考英语四六级”，最终虽然“学生修满了学分，对中国文化走马观花，了解了概况，但基本谈不上培养学习兴趣，打好基础”（石坚军，2013：86）。2010 年，为了明确现有教学的效果，我们又对英语专业大学三年级选修了《中国文化概论（英）》课程的学生进行了问卷调查和访谈（附录 2“《中国文化概论（英）》课程学习效果”调查），了解到学生的不满和期望，发现了问题，而且据此我们设定了教学改革的大方向。

首先，《中国文化概论（英）》教学改革最好能在一定的权威理论的指导下进行，这样才能有一贯的理念，使得各种变革有相关性和系统性。我们谋求教改与早期教学反馈的不甚理想有关。2008—2009 年开课之初，我们课程内容、讲法、教材过于中规中矩，由不同的教师讲授不同的专题，结果学生评教时给我们打的分数一般，访谈中有学生说这门课程“连贯性差，重视了英语表达，但没有其他能力，如思想深度的培养”。2010 年我们开始寻求变革之路，并企图找到一种理论来指导教学改革，但是纵观“知网”上的相关教学文章，找不到理论来说明该怎么办。比如 2008—2010 年的 37 篇关于用英语教授中国文化的论文，有的说明多方面的教学技巧，注重分享教学经验，流于例证，没有什么权威的理论来指导教学的开展，有的仍旧在描述学习者没有能力用英语表达中国文化的状况，不过增加了些量化数据，所以文章仍然是描述问题，而非具有理论高度，这样教学改革的研究面狭窄而粗浅。

我们在对教改理论的追寻中找到了一种指导思想，那就是，《中国文化概论（英）》课程教改的方向应该是运用“批判教育学”（critical pedagogy，也有人译为“批判教学法”）理论指导课程改革。“批判教育学”是西方教育思想界的一种重要理论，对当代的教育理论研究产生了颇大的冲击，是教育领域中最具活力的教育学流派之一，其主张把学生培养成为具有批判性、民主性的“公民”（彭丽，2008：41），在具体课堂教学中强调学生的主体性，引导学生自己解决问题，尤其注重对权威的批判与对偏颇的批判。批判教育学可启发各种教学改革，我国国内对批判教育学有一定的关注。有人曾撰文《批判性教学法在中国文化课程应用》，但该文仅仅举了两个例子（如何引导学生理解“文化”概念、如何倡导学生反对文化保守主义和文化虚无主义）来证明教师在课题上运用了批判教育学的“反权威定义、反偏颇看法”理念，该文没有针对中国文化课程教学改革进行系统、全面的探讨和论证。国外关于批判教育的各种流派研究和分析更加丰富，但由于国情的差异，尚没有研究者把该理论应用于《中国文化概论（英）》这样的课程。本节认为，在“批判教育学”理论指导下完成对《中国文化概论（英）》教学内容、教学模式、教学评估体系等的修正，可保证师生不仅收获信息，也发展出质疑、思考和解决问题的能力。

其次，《中国文化概论（英）》教学内容方面的变革就是看如何设定英文版的“结构化的知识”（programmed knowledge）来帮助学生习得文化，增长批判力。目前《中国文化概论》的教材比较多，但英文版的较少。有人从当当网和读秀网随机搜集了60部相关教材，只有三本是英文的（杨丽泮，2014：167）。笔者也搜集到市面上名为《中国文化概论》的英文书二三本，但内容如同中小学课本，简单而面面俱到地回顾历史、地理、艺术、文学等方面的成绩，这样罗列数据和事实的教材对大学生没有多少新意和吸引力，如果按照这些教材讲授，老师发挥余地少，学生学习兴趣也不浓厚。设置该课程的本意是帮助学生用英语谈论中国文化的相关内容，但换了种语言听那些历史、地理等熟悉的内容，还是很枯燥乏味。目前已经出版的中文版《中国文化概论》教材虽细枝末节的知识多于英文版教材，但总体上生动程度、深入程度、启迪程度也不尽如人意，英文教材更多流于简略浅显。中文教材的诸多问题，比如少数民族文化“基本没有涉及”“国学经典”缺失、学术价值低、不利于“培养学术型的后备研究人才以传承中国传统文化的精华”（石坚军，2013：85－86）等在目前英文教材中同样存在。运用批判教育学理论指导《中国文化概论（英）》教材的编写，要重新确定用何种专题、何种材料来深化课程的内容设置。新教材应该从体系庞大而丰富的中国文化材料中整合、取舍相应的“专题”，为学生提炼出更清晰、更明确的知识重点，史论结合，比如在“艺术”部分把昆曲、古琴、藏戏等中国之非物质艺术涵盖进去。按照批判教育学原则，教材也要有思辨性，所以教材内容要结合最新的相关研究成果，这样一来，本课程除了纸质版的教材，还可以考虑动态教材和电子教材，补充知识点，建立案例库、习题库，准备参考文献及资料、相关知识的图片和视频材料等，这样能保证某些话题的时效性和学术观点的前沿性。

再次，依照批评教育学理论，《中国文化概论（英）》课堂教学模式上应该实现从“灌输式”向“寓启发于讲授式”“提问式”“讨论式”“学生主导式”的转变，以培养学生的思辨能力。我们的做法是，就各教学单元的材料设定相应的问题，写出目标和课堂的组织计划；然后集体讨论，对预设的问题和可能的答案进行评估，再次修改问题，作出更多预案；最后集体决定要学生预先阅读的基础的材料和数个能引起思考和对比考量的问题。具体到不同的单元，可以设定相应的做法，比如“语言”单元教学中向学生展示某些汉字的甲骨文字形，介绍宋元时期出现的世界上最早的图文对照课本《对相识字》，同时引导学生讲述中英文形式上的差异，还有中西“语言观”的不同等，通过“中西比较”激发学生的学习兴趣，激励学生对自主学习的要求。在所有的单元，都可准备一些“古今结合”的个案，以便“尽量缩短学习古代文化的距离感”（张敏，2015：259），比如周代六礼和现代婚礼的关联，中国饮食文化和当今热播的《舌尖上的中国》关系都是引人入胜的话题。为增加学生的感性认识，第一课堂和第二课堂要结合起来，比如上哲学经典之前给学生看《孔子》《墨攻》之类的电影；上“艺术”专题前或后让学生在课外带着任务去看戏曲故事，参观博物馆之类;另外,还可以利用端午节、中秋节、重阳节等传统节日开展些校园活动。

最后,在针对《中国文化概论(英)》的教学的评估体系中,应该按照批判教育学原理建立新的检查和评价标准,使得学生、老师都加倍重视思考能力的养成。学生的考核要从“终结性评估”转换成“形成性评估”。除了课堂表现外,学生还需要“任务型”学习方式来养成思考的习惯,我们可布置学生课前查阅资料,阅读文献,课后写读书笔记,翻译成语故事、经典名句之类,充实他们的知识量,在他们身上逐渐培养出认识问题、分析问题和解决问题的能力。对老师的评估更复杂一些,批判教育学指导下的《中国文化概论(英)》课程授课难度大,要求教师不仅要精通外语,对中外历史文化都有相当高的修养,还要思想深邃,视野广博。这样,我们评价老师不仅要评价课堂表现,还要考查其科研能力。钱伟长曾言:“教学没有科研作为底蕴,就是一种没有观点的教育,没有灵魂的教育。一个教师在大学里能否教好书,与他搞不搞科研关系很大。”(17)完备的监控机制的建立绝非易事,对学生我们需要形成对差异化和多样化的认同,对教师我们需要不定期进行所有教学资源检查,重点关注课程内容的更新程度和在教学中的应用程度。

《中国文化概论(英)》课程的重要性自不待言,教学改革的基本要点是不断强调知识的更新、视角的更替、对问题的敏感和深入性。《中国文化概论(英)》课程的教学面临一个不断被重建的象征性、物质性和人文性的环境,教学要成功就不仅需要考虑技术方面的问题,还涉及审美、种族、政治等各个方面的问题,充分反映社会和个人的需求。

第三节 教师“角色”的转变

“教师角色”定位问题事关大局,在《中国文化概论(英)》教学改革中,教师角色定位必须转变。教学改革活动中,老师历来是重要的一环。外国教育学者指出,“课程的变革实际上是教师的变革,没有教师自身的主动适应与变化发展,课程变革是不可能实施和成功的”(转引自韩登亮，2011：3）；我国学者也认同，学校变革的成败“归根结底取决于教师，教师是理想与现实、理论与实践之间的转化者”（钟启泉，2004：12）。《中国文化概论（英）》教学改革中，教师同样是关键因素。学者将教师“所具有行为模式”界定为“角色”（张秋玲、闫苹，2009：35），教师在课堂教学中因其所发挥的功能不同而扮演着多样的角色。

《中国文化概论（英）》教师角色定位应该转变的原因有多个，都与上面提到的教学改革走向密切相关。其一，教学理论变化大，教育教学理论经历了行为主义、认知主义与建构主义几个发展。行为主义理论要求教师掌握塑造和矫正学生行为的方法，比如教学中反复操练等“强化”方法属于行为主义教学法；认知主义教学理论要求教师帮助学生使用各种“策略”来“编码”以促成学生在短时间内学习较多的知识，这些就是我们所教授文化词汇策略、文化经典阅读策略的背景；而当代建构主义者主张，世界是客观存在的，但是对于世界的理解和赋予意义却是由每个人自己决定的，这种知识观是对传统课程和教学理论的巨大挑战，要求教学中学生不仅理解新知识，而且对新知识进行分析、检验和批判。我们想贯彻于《中国文化概论（英）》教学改革的“批判教育学”就是属于建构主义的范畴。其二，教学内容的改变和授课方式的变革极大降低了课本和教师的“权威性”，英语老师如果故步自封，必然会在教学中举步维艰。当学习的资源较为稀缺时，教师容易满足于自己作为学习资料提供者、解说者的角色，也养成了对着教材照本宣科的“教书匠”习惯；但今天的社会开放，《中国文化概论（英）》的学习资源极大丰富，学生在阅历上、学识上都有所提高，学习的目标性更明确，在求学期间更关心学习“所得”，要求参与度，对教学的深度和思辨性也会有要求，这样教师必须改变自身定位，才能应对在教学中遇到的难题。再者，形成性测试使得检测手段增多，变化比比皆是，要求教师改变从前的考试习惯，变得更为敏锐和灵活，从而对学生形成更好的影响和指引。

《中国文化概论（英）》教学中教师角色重新定位的前提是教师和学生“要接受彼此的局限性”（张秋玲、闫苹，2009：35）和自我的局限性，彼此尊重，相互学习，即在教学活动中，老师承担的角色已经不再是知识权威的角色，但仍然是需要智慧和能力的系列角色；学生不再是被动的教育对象，他们都在课堂上有自己的一席之地，但学生仍然需要促进和引导。具体来说，在新教育理论的指导下，教师角色应由“教书匠”转变为“研究者”，由“传授者”转变为“促进者”，由“管理者”转变为“参与者”，由“执行者”转变为“创造者”，由“组织者”转变为“开发者”。

一、教师角色应由“教书匠”转变为“研究者”

英语教师虽然教学工作量比较大，但仍然需要进行科研活动。教育家钱伟长院士曾言：“教学没有科研作为底蕴，就是一种没有观点的教育，没有灵魂的教育。一个教师在大学里能否教好书，与他搞不搞科研关系很大”（2003：17）。拿着同一课件或讲义年复一年地照本宣科的老师是“教书匠”，而兼有“研究者”身份的教师在科研活动中不断接受前沿的知识、创新的观念，才能教授给学生创新的思想、思辨的能力，一定程度上可以说，科研与教学关系就是源与流的关系。研究不光能在专业上展开，教师其实可以结合所教课程进行“行动研究”，即对自己在课堂上所遇到的问题进行调查研究，从而提升自己的教学理念、教学方法、专业理论。与学术研究不同，行动研究是“由社会情境（教育情境）的参与者，为提高对所从事的社会或教育实践的理性认识，为加深对实践活动及其所依赖的背景的理解而进行的反思研究”（转引自周耀威，2002：53）。行动研究能改善教学实践，也有助于帮助老师养成调查研究的习惯。

二、教师角色应由“传授者”转变为“促进者”

过去《中国文化概论（英）》教学中，以教师“传授”知识为主，在意的是词汇、表达等能力的训练，学生学习中相对被动；如今，随着学生能力和见识的提升，教育理念的转变，《中国文化概论（英）》教学内容发生了大的变化，授课宗旨也从传授知识变成了培养思辨能力，因为“当人们处于困惑但又面临必须解决问题的压力时，学习才能真正发生。只有将结构化的知识与质疑结合起来，才是有意义的学习”（郑晓梅、吴娟、黄晓赟，2010：25）。没有人能代替别人思考和质疑，但教师可以像孔子所言“不愤不启、不悱不发”（《论语·述而》），在学生努力后再给予帮助，促成其养成爱思考的习惯。

三、教师角色应由“管理者”转变为“参与者”

传统上，教师是课堂的管理者，是专家和权威，一切课堂活动都围绕教师的安排而进行；如今新的教学理论要求教师允许自己和学生一起学习，也就是说，在教学情境中，“通过对话关系”，学生的教师和教师的学生不再存在，取而代之的是一种新名词，即教师学生与学生教师。教师不再只是个教书的人，而是在和学生对话的关系中也成为一个受教者。在这个过程中，只根据（权威）所作的论证就不再有效；为了要发挥功能，权威本身必须站在自由的一方，而不是反对自由。在这里，没有人教导另外一个人，而是透过世界的媒介与那些可认知到的事物，人们（彼此）教导”（张秋玲、闫苹，2009：36）。也就说，新时代的《中国文化概论（英）》教学必须注意教学相长，老师也用谦虚的态度对待所学的知识和学生的各种观念。

四、教师角色应由“执行者”转变为“创造者”

如果教师习惯于实施已有课程，不折不扣地按照教科书的意图进行教学，意味着他的课程理念是把教师当做课程的“执行者”。其实，教师应该自主地（最少在一定的范围内）“设计”课堂教学方案，并在具体实施过程中进行“修订”和“改进”。教师在教师层次及经验层次上都是课程潜能的创造者，能深入地体察到学生需要什么，能够学些什么，何种途径教学最易于被学生所接受。迈克尔·阿普尔（Apple，1993：144）指出：“不要把课程设计看成一件‘东西’、一个大纲或者一种学习的过程；而要把它看成一个不断被重建的象征性、物质性和人文性的环境。这个设计过程要想充分反映社会和个人的需求，则必须不仅需要考虑技术方面的问题，还涉及审美、种族、政治等各个方面。”可以说，当教师用积极的心态对待自己“创造者”的角色时，就把课本生硬的材料诠释成了生动的知识和见解。

五、教师角色应由“组织者”转变为“开发者”

长期以来，教师已经习惯了按照限定的教科书进行教学，没有主动寻找课程资源的意识，也不具备开发课程资源的能力。教师不能仅仅满足于组织教学，为学生提供资料者，还需要指导学生一起开发身边及自身的课程资源，帮助其获得新知识和新能力。

要“从做中学”“反思中学”以及“在学习中学会学习”。同时，老师要注意教材建设，在参照或者采用专家的权威教材之时，一定得结合学生的专业自编或者自行制作相关的教材或教学资料库，以便使内容更符合教学需求，特别重要的是，需要充分利用互联网丰富的电子资源，为学生的自主学习和研究设立特定的动态教材和电子教材，不定期进行教学资源更新检查，把课程所涉及的知识点、案例库、习题库、教学课件、学术前沿问题用文字、图片和视频形式展现给学生。

课程实施的核心人物是教师，教师在教学中的角色定位直接影响到先进改革理念在课堂教学中的落实。“传授者”“管理者”“执行者”“组织者”都是传统的教师角色，而“研究者”“促成者”“参与者”“创造者”“开发者”则是新教育理念下的理想的角色。由此不难看出，教师已不仅仅是“完成教学任务，实现教学目标”，还要充分发挥积极性、主动性与创造性，学会反思、创新，唯有如此才能改变“学生不学，老师难教”的尴尬局面，促成《中国文化概论(英)》教学改革的成功。

第三章　改进教学：对“内容形式”的合作性行动研究

针对观察、调查、经验中发现的《中国文化概论（英）》教学内容、教学模式、教学评估体系等方面的问题，我们课题组进行合作性行动研究，力图通过修正，来保证师生不仅收获信息，也发展出质疑、思考和解决问题的能力。具体研究内容分为三个方面：一是原来“结构化的知识”（Programmed Knowledge）设定该怎样变革，确定用何种材料来深化《中国文化概论（英）》课程的内容设置；再者，围绕不同的话题收集并梳理相应的材料；二是如何在课堂教学模式上实现从“灌输式教育”转向“提问式教育”的转变，以培养学生的思辨能力；三是如何革新教与学的评估体系，采用新的标准来肯定教师的教学成果，把学生课程评估从“终结性评估”转换成“形成性评估”，使得师生都加倍重视思考能力的养成，并形成对差异化和多样化的认同。

第一节　教学内容的专题设计

中华传统文化犹如铺陈的画卷悠远绵长，历经了数千年的风雨浩荡，从不同的角度、不同的时段去看，各人会有不同的感悟。红楼窗扉的建筑实体，诗词歌赋的精神美感，伦理道德的厚重规范，每每让国人引以为豪，心中的感动千回百转。而近代历史上中国近现代历史的落后，让国人转而质疑传统本身的毛病，所谓传统文化的劣根性使然，比如礼教对人性的压抑及儒家思想对经济的抑制、对法制的轻慢等。我们该如何看待自己的传统文化就此成了一个争论不休的话题。说来，民族自豪感是非常重要的文化传承的要素，妄自菲薄会导致文化传承的中断；然而过分的自豪感和优越感却会演化为一种“民族中心主义”，使人闭目塞听，拒绝变革。怎样能正确认识自身的文化？这需要就一定的“参照物”进行比较和鉴别：通过学习其他文化，我们可以更好地体会到自己以前没有注意到的本国文化的特点；而解读异族对我们文化的看法，不管其看法是否有偏见，都会给我们提供新的视角，让我们审视自己的历史和来处，思量自己习以为常的行为和观念，加强对自身传统的理解。几个世纪以来，西洋人在诸多方面很是强势、风光，我们自觉地从西洋镜里看中华传统文化的千年风韵，和从我们自己的镜中看自己是有所差异的，这差异会领引我们愈加重视自身的特点。

我们教学内容的论述模式是“对比”研究、“对照”说明，即我们自己对某一问题的说法和西人的看法相互参照，查看“像”与“不像”、“同”与“不同”，是在以世界性的眼光来看待中华传统文化，是在对中西互照互识的过程中寻求跨文化汇通的可能。在比较过程中，本项目会注意分辨“比较点”的本质的差别，而非时代性差异，防止出现只讲中外不讲古今的错误。

文化是一个群体创造的，有着复杂的内容，包含哲学、宗教、科学、技术、文学、艺术、教育、风俗等，是一个多层次、多方面内容的体系；每个话题又都涉及相关的思想意识（背后的价值观念、思维方式）、具象器物（如艺术品、文学作品、建筑物、工具器械）、制度规范（成文和不成文条例、规矩和做法）。本项目不求面面俱到，但求对相关话题深入挖掘，各部分之关联密切，线索清晰：文化都是在一定的地理位置上“源生”的，讲中华文化需要首先从历史地理概貌开始；其后，需要切入语言问题，语言是表达看法交流思想的工具，也是文化传承的工具，语言观隐藏着的价值观，是思维方式的产物，也反过来影响思维方式；人是文化的创造者和继承者，对“人性”的看法是文化中处理各种关系（天人关系、民族关系、家国关系、人际关系）的基石，贯穿其他文化活动（教育、法制、政府组织、经济运作）之中；其后教育是对人改造的开端，人从家走到社会，成为“国”之一员，处在法制的管辖下，置身在经济的运行中，参与到艺术和技术生产中，直至死亡，“生死观”也是文化中的一个重要部分。具体说，除了绪论和结论外，内容分为十个专题。

一、“东方”是何乡：西方关于中国之历史地理的想象

从古希腊时代直到欧洲中世纪，西方人认为世界就是二到三分，要么是三分为亚、非、欧三个洲，要么就把非洲归到亚洲，使得世界直接二分为东、西两方。正是在东、西方的划分和想象中，西方出现了关于中国形象的雏形。（1）地理环境理论中，西方关于中国和东方的“迷思”概括起来就是：土地富饶，物产丰裕，珍宝多多，王者霸气，但气候单一，百姓温和、胆怯、盲从，不重个体和个性。（2）位置论中，东方因为是太阳升起之处而被赋予非常积极的联想，比如伊甸园的位置、圣诞日来送礼物的东方三智者等，可以说，东方代表古老、睿智、精神高尚。（3）中世纪以后，西方声势渐涨，对东西方对比的评价转向，一直到19世纪盛行的欧洲中心主义，都把东方之古老解释为颓废，睿智说成是狡黠，精神的追求是异端的表现，最极端的评价是把东方说成是黑暗、邪恶而野蛮之地。以上三种“东方”想象在现当代都有不同的呈现形式，比如对嬉皮士之于禅宗的热爱，比如对社会主义中国的疑虑，还有现在“中国威胁论”的甚嚣尘上都与西方传统上的东方观有千丝万缕的联系。

二、“语言”之功用：西方人看东西语言观之差异

中文属于汉藏语系，而欧洲语言属于印欧语系，除了形式上的区别外，更重要的区别在语言的功能上。（1）语言的形象不同，西方人希望人们“能言”，而中国人更重“讷言”。《圣经》中，上帝藉着语言创造了世间万物，又通过变乱人类的语言，阻挠了人类经“巴比塔”而“通天”。从古代开始西方人的“语言学”就是一个重要学科。而中国儒道释对“语言”的态度则疑虑重重的：孔子谓“天何言哉”叫人待人接物“听其言观其行”；道家用“道可道非常道”说明语言之无力，用“善言不美美言不善”“大辩不言”来证明语言容易误导人心；佛家之“八戒”中有四戒是有关于不得乱说话的。（2）词语与世界之关系不同：西方人将语言视为世

界的替代品，词语对应万物，用语言掌控世界；而中国人则是把两者分别对待，词语是词语，万物是万物，两者不可替代。比如，在西方语言中强调的词语之“性”（阴性、阳性、中性）之词，与自然界万物相呼应，而汉语中没有对此强化；造句的时候，西方语言对执行动作的主语、对动作发生的时间要求一定“明确”，而汉语中对句子的主语、时态不作强调。（3）文学、语言背后的思维方式不同：西方定性、定位明确，而中国人重变化随和；西方人重二元对立思维，而中国人重综合性观点，等等。所以，历史上中国没有研究语言的兴趣，近代以来中国开始学习西方语言的规范和做法，标点引入，汉字改革（拼音部分），演讲始兴。

三、“心性”的谜团：儒家“心”“性”的理论与西方“人性观”（human nature）之比较

对于人性的界定是处理人类各式紧迫问题的基础，比如如何教育、如何制定统治之法之类，中西方对人心或曰天性的解读大抵上可分为三种，即性善论、性恶论、性无善恶论。比较起来，中西人性观有所形似而神不同。（1）儒家（孟子）性善论在中国的地位根深蒂固影响深远，“性善若水”的说法几乎妇孺皆知；西方乌托邦思想（见《理想国》《乌托邦》）对人性的看法与之相似，也认可现世中人的美德和可塑造性；只是中国哲人希望通过“德治”成就人间“乐土”，而西方学者青睐“制度”化管理来完善今世的“伊甸园”。（2）儒家（荀子）和法家（韩非子、吴起、李斯）的人性恶论与西方的“原罪说”都认为人生来乃罪恶之身，需要对付和改造。荀子提倡教育，企图依靠圣贤君主来提升国人素质，法家主张严苛律例以“震慑”恶行，而基督教一方面要求个人自律“赎罪”，另一方面也认为所有人不论阶层都在罪责面前人人“平等”，并没有谁更高贵而免责，蕴含了人人平等的观念。（3）儒家（孔子、告子）“人性无善无不善”的人性观不重视人生来如何，而强调后天的表现，如孔子所谓“性相近习相远”；而西方相似的“人性善变”的理论也有一定的影响，如古希腊诗人赫西奥德将人类本性演化分成黄金时代、白银时代、青铜时代、英雄时代、黑铁时代五个阶段，一路“堕落”下去；而柏拉图的“灵魂马车”由黑

马和白马两样组成，驾辕人需要高超的技艺才能将那代表“恶”的黑马控制住。在中国性善论占主导，在西方“原罪说”和“性变论”影响大，正由于儒家和基督教传统对“人性”的基本估量不同，所谓的罪感文化和耻感文化的差异，终于产生极不相同的中西政治思想和制度。

四、“教化”与“启蒙”：中西教育之差异

一般而言，人之初广泛意义上的教育即已启动，而及孩子年岁稍长就进入一定的机构进行狭隘意义上的正规教育，从历史上看，这点中西皆然。传统上中西教育的差异在于：（1）社会化教育的内容侧重点不同。中文词汇“教育”初见于《孟子·尽心上》中“得天下英才而教育之”，《说文解字》将“教”和“育”归纳为“上行下效”“养子作善”；西文educate出自拉丁文，意思是“引出、导出”，强调教育旨在把自然人所固有的或潜在的素质自内而外引发出来。因而，传统上中国教育的要求是“首孝悌次见闻”，受教育者学习各种礼仪章法，以便在这个不断变化的世界中立住脚跟，特别是在人际关系、社会事务的处理上有所成就；而西人虽对礼数的要求也高，但教育的内容是鼓励受教育者发现自我能力，发现管理策略，发现自然规律，关注的是自然界和人类社会的“真相”问题。这点也反映出中国古代大众对科技的关切度不足；这点对近现代中外学者的影响是，中国学生多在意自我的发展，对更为广泛世界的探索不及西方学者。（2）社会化教育的培养方式也不同。春秋战国诸子百家对教、学方法有诸多启人深思的看法和做法，但汉代以来，特别是唐以后科举制度的实施，使得学习变成了背诵经典的过程，即便是有所感悟有所争鸣，也不会对面口头交锋，而是笔头论战，教育的成果检验方式就是考察人“记忆与书写”的技能；西方自希腊罗马以来，受教育者都要磨砺口头的才能，只是到近代，学术界才开始像东方人一样重视书面教育，但“辩论与演讲”是西人必不可少的才能指标。这点与前面提到的东西方“语言观”差异相关，也是世界观、教育观的反映。（3）师生关系有所不同。中国“尊师重教”传统源远流长，“师徒如父子”不仅仅说明恩重情深，更指向严格的等级制，个中原因之一就是师徒关系正是教育内容所强调的“序列”

表现。另外，中国古代汉语没有标点、主语、语音的标示，学生对老师的依赖程度高。西方师徒的等级制到18世纪末瓦解，那时印刷术、造纸术在西方的广泛应用，大大降低了学生对老师口手相传的依赖，教育理念上对“真知”的强调，使得对学生独立性、创新性的要求远胜过对师徒关系的重视。总体上传统中方教育重“教化”，而西方教育重“启蒙”，但近代以来，中西教育相互学习，越来越接近。

五、人在自“家”中：中西方的家庭关系之比较

家庭是社会最小的组织单位，中西文化的基本差异的表现之一就在家庭问题上：传统上中国文化以家庭为本位，而西方文化以个人为本位。这点通过家庭生活中的最基本的几对关系很明显地展现出来。(1) 家庭成员关系的优先次序不同。在家庭生活的几对关系中，在中国最重要的是父母与子女的关系，其次是兄弟关系，最后是夫妻关系；而在西方夫妻关系是第一位的，家庭的编排顺序是：夫妻、儿女、父母、兄弟姐妹。儒家重视孝道，所以父母地位在家中第一，儿女是家中香火，也很重要，而兄弟同根，理所当然地位在妻子之前；而西方按《圣经》的说法，神创造了男女，因此人要离开父母与另一半结合为一体，夫妻为家的基础，核心家庭模式取代了扩展型家庭模式。(2) 家庭成员之间的义务和责任不同。中国传统的伦理关系是父慈子孝、兄友弟恭、夫唱妇随，这些伦理关系规定了各个家庭成员的责任和义务，这些人同居共财，各司其职；西方家庭强调个人自由、个人权利、个人的独立性，家庭关系平等、民主，也让西方人习惯于依靠自己的力量去奋斗。(3) 性别关系的压迫程度不同。中国主张“夫唱妇随”相敬如宾，西方强调“女人是男人的肋骨”而相亲相爱。虽然传统上中西方都认可夫妻关系的重要性，但也都规定了妇女在家庭生活中的从属地位，只是在西方，从古希腊罗马就实行一夫一妻制，即使在封建社会，丈夫的统治都采取了比较温和的形式，至少让妇女从表面上享受尊敬和更加自由的地位，为以爱情基础的婚姻发展创造了条件；而在中国，家长制在封建社会盛行，父权、夫权变本加厉，一夫多妻制在富人和显贵之家中盛行，直到20世纪初年也没有多少进步的变化。

六、人与所属“国”：中西方的政府观

政府就是一个国家的管理者，而政府都是由人组成的，谁有权来做政府中人、怎样来进行管理国家、百姓和政府的关系等问题历来是全世界的大事情。东西方的政府观有相似也有歧义。(1) 政府的合法性论证方面：中国传统主流的是儒家的“天命”论，与英国“君权神授”论相类，不同之处就在“天”乃是一法力无边之外力的虚指，而“神”在基督教国家是有具体信仰的形象；墨子的“天子说”认为在混乱蛮荒时代争斗不休，作为高人的“天子”协调处事，大家放弃胡作非为的自由来换取保护，以免被他人的胡作非为所危害，这与西方 17 世纪出现的“社会契约”理论异曲同工，不同之处在于墨子没有说“天子”是“民选”还是“天选”，抑或是天选而顺应民意。(2) 反政府的合理性方面：儒家孔子“失天命”说、孟子的“独夫”说与西方社会契约理论“革命合理”说如出一辙，不过西方有学者认为中国人顺从（一如前地理环境论者）不革命，这是不了解中国历史的起义情况；西方社会契约理论促成了英美革命（1688 年英国革命、1776 年美国独立战争、1789 年法国革命），而中国直到辛亥革命（1912 年）才有明确为“人权”进行的革命，可以说也是在西方契约理论的影响下进行的。(3) 政府如何治理国家的问题上：中国古代的理论有道家的“无为”儒家的“礼治”和法家的“法治”，但历来的政权都是中央集权的模式，政治理论关心的也是统治者和被统治者如何行事；西方历史上亚里士多德的多种政府形态论、马基雅维利“为达目的不择手段”的君王论、自由主义传统下的学者关于限君权顾民意的言说，政治理论很关心政府的形态以及权力与道德之关系。一如在家中以家庭为本位，中国人传统上在国中以国家为本位，君民之关系如同父子，中国政府一直而且继续呈现家长式作风（儒家是慈父，法家是严父），虽然理论上儒家要求统治者自律（即“民无信不立”），法家要求王公庶民法令面前平等，但实际上不限制君主之权力、没有法案保护臣民不受政府之戕害；其实老子《道德经》中“无为”“治大国若烹小鲜”理论与西方自由主义的传统有可比之处，西方政府有多种选项和实践（一人专政、元老院制、民主制）让学者

研究政府和民众关系，尤其是当个人和国家的利益常常无法兼顾时，考虑到要尊重个人意见，不强加于人，因为每个人都知道什么是最适合自己的，有不同意见是合情合理的。

七、“罪”与“罚”的边界：中西的传统法制观

法律是解决人与人、人与国之间纠纷、伤害的一个人为手段，法律的形态因时、地、人的不同而差异万千，但都脱不开“罪”与“罚”的界定问题。中西传统法令在罪与罚界定上最明显区分有几点：(1) 惩罚的牵连面方面，在中国漫长的封建社会，经常是一人犯罪、株连九族的惨剧；而在西方纵然犯罪家属不免被歧视，但犯罪是“个体”行为的看法和做法倒是普遍的；(2)“通奸”作为“性过错”还是“性犯罪”方面，中国封建社会将通奸作为“重罪”责罚，家族有权将当事人处死；而在西方进入基督教社会后，通奸虽仍然是“罪过”之一但却可以通过“忏悔”而洗清罪责；(3) 不“孝”之罪与人权之规定方面，整个封建社会孝道进入法令，不孝者被告可入狱，而关于人权的法律规定到20世纪才有，这与西方相比在时间上了晚了数百年，也表明中国是个伦理社会而西方是重个体的社会。

八、“财”“产”之处置：中西方的经济观念

经济涉及各个层面，中西方在生产方式、家产的分配和市场的管理方面有一定的可比之处。(1) 重农思想在中西方都有很长的历史，西方是从18世纪以后才开始重工、商的，这与其地理环境、人口的增长、科技的发展有很大关联。(2) 家产对家庭后代的生活质量有较大影响，中国传统数代同居共财，当需要分配家产时候多是男丁均分，结果是家族容易因为分家而势力削弱，而在西方实行“长子继承制”的分配方式，这样可以保住家族财势，而且会促使其他子女另寻出路，比如到新开拓的殖民地去创业。(3) 市场的问题从贸易伊始就存在，荀子曾论说税制，中国纸币的出现比西方早，而西方近代的自由贸易的理论则成为中外市场的重要方针。

九、“技艺”之长短：中西方科技发展路径比较

西方科技从15世纪开始加速，到现在已经是世界领先，而此前科技领先的是中国，明朝时中国的科技发展曾经让初来乍到的传教士吃惊。与科技问题相连的是其背后的自然观、民族观还有科技观。（1）自然观方面。中华文化比较重视天人合一，而西方文化强调征服自然。征服自然的愿望会导致对科学技术的热切追求，会在教育中侧重这方面的内容，久而久之对科技的发展会产生巨大的推动力；天人合一主张爱惜自然环境，使万物能普遍地生长成遂，这点很好，但到宋代后哲学家主张通过道德修养和直觉达到“天人合一”之境界，脱离了物质生产的方向，宋明理学昌盛之后，这一缺陷必然影响科技的发展。（2）民族观方面。中国的传统是维护独立绝不扩张，其理想的民族关系是通过道德的教化来“协和万邦”；而西方传统在民族关系上讲究竞争和斗争，西方辩证法的奠基人赫拉克利特甚至说“战争是万物之父，也是万物之王”。和谐与防御的状态下，对与竞争相关的科技不会有强烈的追求；而西方人在征服、殖民、贸易的过程中不断接触学习他国的新知识技能，从中国和伊斯兰世界借去重要的发明，将之转化为进一步好狠斗勇的利器。（3）科技观方面。西方对科技的看法普遍很积极正面，古希腊罗马有崇力求知的传统，到几个世纪后西方世界影响最大的口号是培根的“知识就是力量”，认为只要通过科学技术人类就能获得幸福的生活；中国传统上不看重“技术”，所谓用“投机取巧”的东西就会有投机取巧的心，孔子曾称赞说不用机械汲水的老头是贤人，这种思想占据统治地位后，势必对科技的发展有阻碍作用。

十、“现世”与“来生”：东西方生死观比较

人必一死，各种文化中都有关于生、死、来生有无的观念。（1）对生的态度。在中华传统文化中，儒家强调生的意义在完成伦理的责任，于国于人有所贡献；佛家强调今生“苦”修去换来生之“极乐”；哲学上道家强调此生若梦，作为宗教的道家强调长寿。西方希腊罗马神话中人生的意义在于轰轰烈烈的体验，后来的基督教文化中“今生”是个体的赎罪，是

去往来生的一环，意义在善行和对天堂的期待。(2) 面对死亡事件，中西看法同样是各有不同。中国百姓多惧怕死亡，哲人关心一个人去世后其周遭的人的做法。儒家规定亲疏关系决定了服丧期的长短，厚葬死者才能显示生者的敬意；墨子反对厚葬等习俗，是担心耗费太多会影响生者的生活；道家不重葬仪是因为觉得生死如梦；佛家诵经祷告。西方百姓对死亡的态度较坦然，因为有天堂之说，算解脱；基督教义对死者家属也有穿丧服的规定。(3) 死者之归属问题。中国儒家不信死后有灵魂；道家认为得道之人死后成仙直入太虚世界，没得道者进入坟墓；佛家有转世轮回说，认为死亡后先入阎罗殿审判，再投胎为人或者动物。西方基督教信仰者让死者的灵魂按照生前善恶分别入地狱或天堂。

所有的文化都具有时代性和民族性，各有所长各有所短，我们不可用自己之长比别人之短，也不可用自己之短去比别人之长。借眼西洋镜，是为了避免“只在此山中”的盲点，是为了面对中华文化传统，做到既不自以为是，也不自蔽己短。主动以西洋镜为参照，我们换一个角度看自己，会在心态上更沉着，在步伐上更加稳健，对自己的未来更有信心。

第二节 课堂教学中思辨力的培养

我们的合作性行动研究在课堂观摩、课后日记、集体讨论后，总结数年探索的授课经验，致力于在课堂教学中培养学生的思辨力。根据批判教育学理论致力于“发展学生提出质疑、对证据进行评价以及发展阐释的能力，使学生更加批判性地思考和解决问题”（Fabillar，2002—2003：22），也就能调动学生的积极性，活跃气氛，让学生在开心之余开启智慧，扩展胸怀。培养学生思辨能力有各种方法，我们应用的典型的教学方法有开心之“问”、深入之“讲”、对照之“看”。

一、开心之“问”

开心之“问”指的是从学生“熟悉的现象”入手“设问”并解答。

这里涉及“知识匹配”原则：从熟悉的东西引入陌生的知识能激发学习者的兴致，而对事物的新解读往往会让人“会心”之余感到“开心”。有教师都注意到，教学中从现实中的现象入手，可“逐渐培养起学生寻找历史与现实的结合点的意识与能力，正确辨识中国文化，以历史发展的眼光看待中国文化”（吕芳，2013：10），我们也为这个目的在《中国文化概论(英)》的各个专题中都设定了专门的“开心之问”。比如讲到中国的语言问题，我们就问：为什么我们中国人评价一个人的人品时有时会说“他话不多，一看就是实在人”，甚至有人以此作为择媳择婿的标准之一，你也有意无意这样判断一个人吗？这种“人”与“话”的关系体现了什么样的语言观？再比如，讲到中国传统教育，涉及科举、学子对背诵经典的心态等话题，我们的“设问”是：为什么古典小说中不少书生寄居在寺庙中，如《红楼梦》中的贾雨村，如《西厢记》中的张生，如《聂晓倩》中的宁采臣等？为什么书生多有“艳遇”，不是遇到富家女，就是才貌双全的狐仙女鬼来投怀送抱？一般情况下，面对这类问题，学生的回答多七嘴八舌，答案间或有精灵古怪之处，这时候的课堂气氛活跃，学生参与度很高。老师当然不能无备而来，既然提出了问题，就得有对问题的独到见解。而且，老师在给出对各个有趣“设问”进行“教师解读”时，尽量“学术性”和“通俗性”兼顾，以便学生记忆、理解和思考。前一个例子包含了中国人对“语言”作为一种交流工具的怀疑，我们会引用相关经典说法来证明中国人浸淫其中的儒道释三家如何对“语言”的功效疑虑，特别会介绍孔子说“听其言观其行”的背景是他的一名学生在白天睡觉；后一个例子中先用文献表明中国古代寺庙作为书生免费的简陋“餐馆”“旅社”“图书馆”等功能，再讲书生的“艳遇”乃小说家意淫，是读书人在穷困潦倒之时对红颜，乃至红颜知己的渴慕和幻想，待分析完“书生心态”后再引导学生去看《红楼梦》中贾母批戏文那段描写。每个专题均有诸如此类的“开心之问”，其对学生自身生活行止的“影射”，对古代经典文献的追索，多会使课堂气氛活跃，学生听讲时不仅心情愉悦，而且无形中加深了文学和文化修养，提升了思辨能力。

二、深入之“讲”

深入之“讲”指的是在教学中强调概念的更新、视角的更替，以增加对问题的敏感度和深入性，也就是用新的视角和观念引导学生“重审”那些所谓天经地义的问题，培养学生开放、宽容的心态对待自己，对待他人，对待周遭的整个世界。教师如果按“教材课堂上照本宣科，填鸭式灌输学生知识，期末时闭卷抽查考试教材上若干重点内容”（石坚军，2013：86），将不利于学生思辨能力的培养。我们虽然不是国学大师，但可以通过学习来借鉴专业学者的看法，内修外援，把前沿的研究成果运用到教学中去，对专题问题进行深讲和细讲。比如，在课程“绪论”部分，我们介绍了“文化”“文明”两个基本概念后，引入了“民族中心主义”（Ethnocentrism）一词。“夜郎自大”的成语、中国自以为“中心之国”的观念，虽然如今备受嘲弄，但其实是人类看自我的共有的现象，这时给学生展示各国出版的世界地图如何都把自己的国家“居中”，绘画中世界各国的“圣母圣婴”如何都像自己国家的人，然后分析“民族中心主义”产生的原因或在于生活环境的狭隘，或在于心理学上的“选择性盲目”现象，或是出于文化传承的需求，建议大家对待文化问题一定得有博大的胸怀，正确看待自己和他人的不足及长项，既不要盲目自大也不要妄自菲薄。再比如，讲到历史上中国妇女的地位问题时，我们引入了女权主义者对童话故事《白雪公主》的解读。故事开头场景中，前王后（公主的生母）坐在窗边，做着针线活，看着外面的飘雪，不小心刺破了手指，这里的窗边、针线、出血、白雪等分别象征“生活空间的局限”“劳作”为主的日常生活、“月经和生育”的特点、品格上“纯洁”的要求；魔镜中的声音代表了男性对女人外表的判断，继母来兜售的打理头发的缎带、梳子能打动白雪公主是因为后者一样关注“美貌”，苹果青、红两面分别是纯洁和欲念的代表，而水晶棺材反映的是将女性“物化”为“展品”的现实，王子之吻下的苏醒实际是“性觉醒”，对妇女而言婚前最好性意识处于沉睡状态。然后引导学生思考：白雪成了王后，生下子女，年岁增长，容颜渐老，不再是“天底下最美丽的女人”，她会不会担心失宠，会不会有嫉妒之心？白雪公主、亲妈、后母可否代表一个女人一生的不同阶段，实际上可被看作同一个人？这样的解读会令学生看到妇女问题，同时也更加理解“人的行为”，对人性不同侧面表示理解和同情，再看待裹足等中国女性文化时会心有戚戚。

三、对照之“看”

对照之“看”就是在每个专题的讨论中强调“比较”的环节。毋庸置疑，“强烈文化对比的切入方式对激发学生的学习热情有着极好的推动作用”（张兢田，2015：144），同时通过学科与学科、古与今、中与外在同一问题、现象、观念上的呼应或歧异，也能扩展学生的知识面，提高他们的思辨力。“比较”有多种形式，可以就不同学者对同一问题的见解进行“平行比较”，可以“古今比较”，也可以“中西比较”。比如，中国“天人合一”的自然观、“协和万邦”的民族观适合用“平行比较”来研究。有人用“保护环境”的必要性、“全球化”的好处等理由来赞颂这两种观念的先进性，也有学者（如张岱年）批判这两种观念使人难以产生对科学技术的热切追求，使国民教育不侧重科学的内容，使人不能在征服、殖民、贸易的过程中不断接触学习他国的新知识技能，从而在事实上影响到中国科技的发展。各有各理，令人深思。某些专题，比如法律中“罪”与“罚”的界定问题就可以进行“古今对比”。在中国漫长的封建社会，经常上演一人犯罪、株连九族的惨剧，而今天罪犯家属虽不免被大众歧视，但刑罚与无辜者无涉；“通奸”在中国封建社会被定为“重罪”责罚，而今天通奸很多情况下算是道德之失；整个封建社会孝道都进入法令，不孝者无权自辩就可被告入狱，而当今中国虽也追“遗弃”之责，但处罚以经济手段为主。另一些专题中我们进行“中西比较”。一来，看看西方人对同类问题的处理之法，我们可以更好地体会到自己以前没有注意到的本国文化的特点。二来，“学子们在面对外来文化渗透的同时如何坚定对本国文化的操守是一个具有特殊现实意义的问题”（吕芳，2013：10）。我们讲到中国的地理专题的时候就给学生介绍了西方关于中国之历史地理的想象。地理环境理论中，中国土地富饶物产丰裕，但气候单一，百姓胆怯盲从；

位置论中，东方因为是太阳升起之处而被赋予与古老、睿智、精神高尚等积极要素相关的联想，比如伊甸园的位置在东方，送圣诞礼物的三智者来自东方等；欧洲中心主义论中，东方之古老被解释为颓废，睿智被说成是狡黠，精神的追求成了异端的表现。以上三种“东方”想象在现当代都有不同的呈现形式，比如嬉皮士对禅宗的热爱，媒体对社会主义中国的疑虑，乃至“中国威胁论”的甚嚣尘上都与西方传统上的东方观有千丝万缕的联系。

可以说，《中国文化概论（英）》的课堂教学中，学生思辨能力的发展是教学成功的重要环节，我们在课堂教学中采用了开心之“问”（问题设计）、深入之“讲”（理论引入）、对照之“看”（对比研究）的教学方法，来培养学生的思辨力，激发其在熟悉的现象下发现问题的探索意识，吸纳各学科前沿理论来深入解读问题的分析能力，以及在比较视野下拓展胸怀、形成见解的创新理念。这要求教师不仅仅是各个专题的创设者，也是运筹帷幄的调控者、深入思考的观察家，也让学生能以世界性的眼光来看待中华传统文化，去寻求跨文化融汇的可能。

第三节　测试体系的建设

教学的评估测试是外语教学的重要组成部分，是衡量外语教学成效和提高外语教学质量的重要手段之一。然而这也是一把双刃剑，标准化测试方式可以检测学生水平，为外语教学提供反馈信息，帮助教师改进教学的同时，过分依赖测试来划定学生层次、评估老师的教学成就会引起外语教学的应试导向，令教师和学生只注重测试中经常出现的内容和技能，而忽略那些与通过考试没有直接关系的部分，另外那些产生严重后果的大型考试还会在师生中间，尤其是学生中间引起过多的焦虑，影响正常的学习生活。外语测试研究者对测试的正面和负面影响都有深入研究，并形成了一个概念——反拨效应（washback or backwash）。我们这个针对《中国文化概论（英）》的合作性行动研究小组认真学习了测试反拨效应的基本原理，各种测试的类型特色，探讨了《中国文化概论（英）》测试改革的走向及相应的教学、学习方式的变革。

一、测试反拨效应的工作原理

测试的反拨效应研究的基点是，大家都承认，大型测试会影响教师和学生的教学和学习态度、行为和动机，在教师和学生当中存在着一种自然倾向，即按照测试的要求来调整课堂教学和学习，特别是当某一测试结果关乎学生将来和教师教学成就时尤其如此。

专家 A. Hughes 在研究测试的反拨效应工作原理时把语言教学和学习划分为三个部分，提出了“参与者 Participant—过程 Process—结果 Product”（PPP）反拨效应模式。其中“参与者”包括学生、授课老师、教学管理者、教材设计及出版者；“过程”指参与者采取的任何有助于学习的行动，如开发教材、设计大纲、改变教学方法以及使用学习、考试策略等。“结果”指所学到的知识、技能及其质量（如流利程度等）。以上三个部分相互作用，彼此连接：一种测试的性质首先会影响参与者（Participants）对他们的教学以及学习任务的看法和态度，而这些看法和态度又会影响他们完成任务的过程（Process），即教学以及学习内容，包括练习测试中会出现的项目，继而又会影响教学的效果（Product），即整个教学及学习过程的结果（Bailey，1996：262）。

当测试促使教师和学生做一些没有测试就不会做的事情时，对外语学习有积极的影响被称为“正面反拨效应”，反之，则是“负面反拨效应”。由于测试具有促进外语教学的正面反拨效应，所以被广泛应用于外语教学，比如，适时适量的测试有助于评价学生的水平、进步及成绩，而且它是保证课堂纪律、确保学生注意力集中及听课率等外部动机的最简单、有效的方法，在教学中无法剥离。比如，各大高校已经或者正在进行的分级、分类教学的起点就是从测试开始，“学生入学时，可组织一次严格的全方位英语水平测试把测试成绩作为分班的基本依据，再结合学生本人意愿，将学生分为不同的班次进行教学，并明确学习要求达到的目标”，以此来体现英语教学遵循因“材”施教的原则（张俊梅，等，2005：113－114）。然而，测试本身会造成许多问题，形成其“负面反拨效应”，比如大多数院校采用了标准化测试方式，“有的院校则要求学生在一年或半年中参加两次或三次过关考试。从而导致了英语教与学的应试导向。以至于一提考试，实用课程就乖乖地让路。教师为了不影响学生的前程不得不将系统的教学计划中途作罢”（陈秋仙，2005：61）。目前看，测试仍不能不要，因此，许多学者提出改革测试与评估手段，希望“建立以应用能力为主的灵活的考查机制”，“改变以往考试导向的学习心理与能力导向的教学意图两尴尬的局面”（陈秋仙，2005：62），或者“改革考试制度，建立科学的评估体系”（纪卫宁，2007：96）。如何促进测试的正面反拨效应，而规避其负面反拨效应是大家都关心的话题。

二、重点改革的测试类型

在我国，测试与评估是为了确保生源的质量，也是教与学的指挥棒。教学改革的成功离不开测试的环节。许多人“从小学到大学，经历过无数次大考小考，对于一张呆板的考卷考试方式早就厌烦了”（邓满姣，等，2006：251）不说，传统的“应试”心态实际上制约了他们语言能力的锻炼与提高。从测试反拨效应理论中的原则出发，我们针对《中国文化概论（英）》的测试现状，认为可以重点改革两种类型的测试，即诊断性测试和目标型测试。

（一）诊断性测试

所有测试本身都具有“诊断”的性质，或反映个体的水平、集体的共症、一个时段的教学成效等，但“诊断性测试”强调“反馈回来的信息必须是多层面的，而不只是一个笼统的总分数”，对学习评估的“语言必须详细、相关并有助于判断”。测试专家 Shohamy 还认为，此种测试应“反映出当前语言理论的发展现状，包括语篇动能、语域以及成套的社会文化规则，而且这样的测试要包括可以直接测评的真实的语言情景与任务”。另外，“理想的测试必须既使用尺度参照又使用常模参照”，也就是说，一个项目的成功与否，除了按照项目本身的目标认定外，还可以通过和其他项目的对比信息来确认（Bailey，1996：266－267）。所以，要做到有针对性提高学生的水平，首先要对他们进行“诊断性测试”，布置下“真实的语言场景与任务”，通过对比目标项目，来形成详尽的“诊断性信息”。这样的诊断性测试实际上是一种“水平测试”（proficiency test），这种测试表明了我们以后教学过程、测试活动中需要加强的部分，成为我们在教学中努力的目标。

（二）目标型测试

目标型测试的宗旨是“测试你想要鼓励发展的能力”。也就是说，如你想鼓励学生重视口语表达能力，你就要测试口语。因为人们总是倾向于测试容易考查的而不是有必要考查的能力，测试专家特意强调了“目标能力”在测试中的重要性，“事实上，我们不仅有必要测试我们想要鼓励发展的能力，还要给予他们足够的分量，使他们与其他能力相比不显得次要”（Hughes，1989：44）。

目标型测试和诊断性测试的区别在于，后者可以不加预告就举行，而前者一定要提早让学生知道，事先“确保学生和教师了解测试，测试的原理阐述、详细说明及样题都该提供给每一个参与准备该测试的有关人员”，“必要时向教师提供协助，比如要引入交际法测试就要先培训教师如何教授交际能力”（Hughes，1989：44）。这样做的目的自然是促成“目标的实现”，在明确语言学习目标的基础上，测试应该照例考查这些目标的实现情况。这样就会促使教师和学生朝着这些目标努力，进而对课堂教学产生正面的反拨效应（Bailey，1996：262－271）。

诊断性测试和目标型测试都是要促进测试的“正面反拨效应”，两者也有共同的地方。其一，出题要求“测试内容、任务尽可能真实，贴近现实生活”（Hughes，1989：44），再现真实的生活场景方可真实地考查语言学习者的应付能力，有真实性的测试“不仅会对外语课堂的形式和内容产生影响，而且会增强语言学习者的学习动力”（Bailey，1996：262－271）。其二，两种测试都重视测试成绩报告，“测试成绩报告应尽可能提供一个详细、具体并包括各方面信息、数据的图表，反映被试者的总体及各部分的成绩及其在所有被试者中的位置”（Bailey，1996：262－271），这样让被测试者和教育者都心中有数。以上两点也许就是测试工作的要义所在。

三、加大“形成性评估”的比重

测试专家Shohamy指出：当依赖测试去产生变化，较多强调语言能力而对导致这种能力的方式（即作为学习过程的课堂活动）重视不够时，当测试作为一个权威工具从上面强加下来规定教学、学习时，当实施教学改革的教师没有参与测试编写时，当测试提供的信息不够详细、具体，不包括有意义的可以用于修补的反馈和诊断信息时，你很难期望测试能够促成有意义的学习的进步（Shohamy，1996：298－317）。这里，我们看到必须进行《中国文化概论（英）》测试改革的必要性，以及多方协作才能完成教学改革的前景，我们计划从两个主体开始——教师和学生，双方在课内课外使用多元的评估方式，加大“形成性评估”的比重，促成“目标型测试”的成功。

就学生而言，应“增强学习者的学习自主性，引入自我测评。学习者的自主性是指语言学习者对学习内容、学习方法以及学习进度等有更多的发言权，从而提高学习者的积极性和主动性；引入自我测评则能增强学习者的责任感，自己发现问题，正视现实，从而使学习更加有的放矢”（Bailey，1996：262－271）。就《中国文化概论（英）》而言，大部分的阅读就要依靠课下自主学习来完成，课堂的阅读教学应该主要是方法的引导、任务的布置与检查。那么如何解决学生自主学习时所遇到的问题呢？这就要充分利用先进的计算机辅助手段。我校大学外语语言学习中心经过多年的努力建设，已经拥有多种阅读资料，学生可以在教师的辅导下，通过局域网和自己的单机自主阅读《中国文化概论（英）》课程布置的相关阅读资料。

就教师而言，可从课堂观察（observation）以及测验、考试等多种方法收集学生的评估信息，不仅要诊断单个学生的需要（如评估并监控其学习进步，确定其个人需要，而且要为教学寻求如何改变教学策略等。比如，老师可对学生在收集信息的策略上和信息的解释上给予帮助，使之能慢慢学会不断地评估自己的进步，朝着自己拟订的目标努力，并根据这些评估信息经常调整自己的计划和学习策略，比如可以通过多媒体教学使一个班甚至多个班的学生共同参与到相关专题的写作和讨论中来，实现教师与学生的互动。

教师对学生的自主学习要做到监控。我校合作性行动研究小组老师经过细致的研究和探讨，争取让学生在语言实验室和网络的自主学习更具特色。为防止学生迷失在语言实验室丰富的数字化学习资源里，我们设定了“必学内容”和“自选内容”两个大方向，前者是由任课老师经过集体讨论后根据大多数学生的情况选定的，后者则是让那些学有余力的同学有更广阔的学习空间。自主学习特别容易流于形式，为此我们对学生的学习效果进行密切的跟踪，对其“必学内容”通过网上测试来考查学生的学习效果，自主学习的时间、效果等记录将计入学生英语课的平时成绩。

学生课外活动和“目标型测试”挂钩，比如可以想办法促进学生英语阅读、排演剧目等。很多学生在课堂学习以外对英文读本的选择有很大的盲目性，我校合作性研究小组组织读书会，首先根据学生的英语学习能力，为学生推荐难易程度适中、与中国文化专题教学相结合、有针对性的读物。读书会每月开展一次主题阅读指导会，由教师具体讲解阅读和学习方法，最后以个人自荐，结合导师推荐的方式，挑选出 4 ~ 7 位学生做读书报告展示，以其模范和榜样作用带动其他同学的读书热情。我们根据学生平时小测验的成绩和课堂表现，把他们编成小组，每个小组的同学有 5 ~ 6 名（他们的成绩有高有低，让英语好的同学带动较差的同学），让他们在课外时间排练中国文化相关的英语短剧，课内约用 15 分钟的时间进行表演。其他同学在现场录制下来，后由课代表汇总交给老师，老师有专门的移动硬盘保存学生们的影像资料，对特别优秀的节目不但在其他班级播放，而且邀请演员同学去别的班级巡回演出。从内容的商讨到道具的选取和服装的使用，学生们对英语短剧表演都做了精心准备。

《中国文化概论（英）》并非纯理论化课程，不能以知识点的记忆来判断优劣，还应该囊括基于知识点记忆之上的理解和“领会”，以及思辨力的养成等；若以一篇论文来评断学生是否达到了我们的培养目标，也略显不足。基于对测试体系的认识，我们改变“一卷定分”的传统的考核方式或“一文定分”的期末论文考核方式，采取“形成性评估”的方式，将学生的整个学习过程纳入考评。

形成性评估分值表

平时成绩（70%）			期末考核（30%）
平时作业（40%）	专题讲座（20%）	课堂讨论（10%）	随堂闭卷考试
两次，各占总20%，分别在第6周和第10周上交，可以是某一问题的分析和阐释，篇幅适中，按照标准论文格式完成上交	由同学主讲，最好以小组谈话的形式进行，避免一人讲其他人听的情况；鼓励准备中的群里群策，上交准备记录	课堂上就某一问题的即兴讨论或讲座后的讨论	知识点的认识和判断、国学经典的英译、对某一问题的点评

总之，根据测试的反拨效应理论，我们围绕目标型测试，改革学生教学，寻求以多样化形式，最大限度地调动学生学习的积极性和主动性，提高其外语交际能力和外语自主学习能力、信息素养及终身学习能力，最终实现外语教学与学习交互式、情景化、信息化、个性化和自主化的目的。

第四章　收集反馈：对“教学效果”的合作性行动研究

进行《中国文化概论（英）》“形式内容”教学改革两年期间，我们通过课堂效果观察、评价、问卷设计等对“教学效果”进行监控。我们收集反馈的过程也是合作性行动研究的分享过程。一开始，我们用的第二章中的效果测试卷，学生的反馈显示我们基本达到了目标，但我们觉得还有问题，教学仍然有改进的地方。比如课堂设计的内容非常丰满，往往每个单元都讲得意犹未尽；课堂上思辨力的培养有一定的进展，但是学生的诸如合作等其他能力是否也需要培养；测试的形成性是否可以进一步丰富，如此等等。我们为了寻找改进的方法，又开始查找资料、记笔记、开讨论会，细化“教学效果”的反馈环节。这里，我们展示一下关于教学内容上“文化词汇的传授”，教学目标上“文化素质和能力的培养”的相关反馈，并根据这些教学反馈提出了进一步教改的目标。

第一节　关于“文化词汇”的教学反馈

本次教学效果的行动研究中，我们在“教学内容”的问卷和质性访谈中都专门问到了“文化词汇”的教学效果问题。问卷中要求学生对下列选项做出1～5分（非常反对—反对—不好说—同意—非常同意）的评价：

1. 课程中文化词汇量足够大，可以让我应对中国文化的英语表达
2. 各专题中的词汇有一定的关联性和累积关系
3. 老师对文化词汇的讲解策略（列举）能帮助我记忆
4. 我希望学习到更多文化词汇，希望获得更多的指导和资料

统计下来，90%的学生对课程学习中的文化词汇的教学持“同意”和“非常同意”的态度。这结果源于我们对《中国文化概论（英）》中词汇教学的重视和良好的教学策略。

词汇是语言的建筑材料，是语言的基本结构单位。Wilkins 说：“要是没有语法，语言就很难传情达意，可是要是没有词汇，语言根本就无法表达。”（转引自彭丹逵，1996：51）迈克尔·路易斯将词汇分为四种类型：一是单词（words）和由一个以上单词组成的固定短语（polywords）；二是以较高的频率出现的单词组合和搭配（collocations or word partnership）；三是以整体储存的惯用话语、套语（institution – alized utterances）；四是可扩展的包含固定形式的句子框架和引语（sentence frames and heads）（Lewis，1997：137），这种分类囊括了各类词汇，也显示出各种词汇专项测试的走向，对教学也有一定的影响。《中国文化概论（英）》教改时我们非常重视课程内容的设定，特别设计了诸多专题，并注意专题之间的关联，但也把专题中“文化词汇”当成教学的一个重要环节。本课程有很多的专有词汇需要记忆，这些词汇的掌握也为专题的深入探索打下基础。下面我们按照教学时借助的外语学习理论将学生所肯定的词汇教学策略分类描述，最后提出需要加强的方面。

一、学生肯定的词汇教学法：从认知科学角度深化学生对词汇的记忆效果，注意例句情景的创设

在认知心理学中，记忆是一个极其重要的研究课题。认知科学的研究表明，知识是以命题的形式存储在人类的记忆中的，其语言表现形式为能进行真实判定的短语和句子（吴晓萍，2003：408）。因此，英语词汇不应以个体形式孤立，而应该在短语和句子中进行。词汇学习的这一基本原则说明学生以前用“背词汇表”的方法来增强语言能力何以事倍功半。

课堂上词汇讲解的例句、短语的准备如能遵循认知科学的原理就能事半功倍。其一，词汇的讲解与旧知识联系越多越密切，记忆效果就越好。“要使学习者长久记忆词汇就必须对其进行精加工，并创造条件激活学习

者，要求他们利用原有知识经验和能力对信息进行主动构建”（陈斌，2005：65）。个别选修《中国文化概论（英）》的学生在我们的访谈中谈及教师在讲解中国哲学的思想时特别让其印象深刻的两个词“dehumanization”和“metaphysical”，说教师让他们关注构词法的同时，还引导他们回忆以前哲学课上的概念“异化”和“形而上学”，然后用这些说法对比道家的“真人”说和“玄学”论，使得他们听一遍就把这两个词的用法记牢。其实，我们在词汇讲解中，一直注意帮助学生将已有的知识、经验、态度、背景等和目标词项联系起来，让这些词项及其搭配得以恰如其分地运用，这样有利于新词项的同化和内化，也有利于保持记忆。

其二，记忆的强度“与识记主体的相关程度和情感深度有关”（吴晓萍，2003：408），学习英语词汇时例句的真实性和趣味性很重要。仿真语境输入的词汇更易于实现在真实的交际语用环境中的顺利输出；妙语可以让人过耳难忘，愉悦、渴望等积极的情感促进记忆。讲解某些词汇时候，有必要用电影视频或者小说中的片段来讲解，也可以对其进行“生活化”而“贴切”的汉语翻译，按照认知心理学家的理论，“具有新异性和显著性的单词学习者容易注意”（陈斌，2005：67）。访谈中，有学生提到我们讲《荀子·修身》中“君子役物，小人役于物”，用的是 a man possessed by sth，还翻译说这就是今天的网络上说某人是“某物控”的意思，而 a possessed man 表明该人接近于武侠小说中“走火入魔”状态了。学生的清晰回忆，是对我们词汇教学的肯定，表明我们对词汇的解释真的给学生留下了深刻的印象。

二、学生肯定的词汇教学法：从文体学的角度深化学生对词汇的辨析能力，尤其是对近义词的理解

真实的语言交际中，我们会自觉不自觉地根据不同的情景和语境选择语体；然而学生在使用英语时经常不分情景、场合、内容、对象的差异而混用不同语体。这与其“语言输入”时的情况有关：他们学习的教材中的题材多样，涉及文化、文学、科技、宗教等各方面；体裁丰富，有说明文、叙述文、议论文等，语体也多样，有书面体，也有口语化，甚至俚语

化的文章；教授课程的老师没有即时在教学中引进文体学知识，让学生分辨同一意思在不同语体中的用法，让其明白用词的恰当与否首先取决于作者或者说话者的主题（subject）、对象（audience）与目的（purpose），即语言对场合的适合性（appropriateness）。在《中国文化概论（英）》词汇教学中，我们强化了语用原则，让学生学习的词汇灵活而有用。让学生最感烦恼的是英语词汇中的“近义词”，有时候字典里查到的某些英语单词的汉译几乎是一样的，更让他们在运用时出现随意而为，这样教师在词汇教学中要有意识地传授这方面的知识。近义词辨别涉及不同情况：文体风格、内涵的侧重、褒贬情绪甚至禁忌用法等。

词汇和文体的关系密切，斯威夫特（Jonathan Swift）曾给文体（style）下定义为“把恰当的词用在恰当的地方”。英文词汇的语体大致分为正式语体（formal）、非正式（informal）和中性语体（neutral），后者又叫普通体（normal）几类。我们有学生这样对我们说：“《中国文化概论（英）》课堂上我们有一个单元是关于‘家庭和性别’的，老师就给我们区分了offspring、children、kids几个词，这也该算文化词汇吧？这几个表示‘孩子’的概念，offspring最正式，可兼用于人和动物，children最普遍，适用于各种文体，kids则是在不太正式的场合用。老师也讲了个美国前总统小乔治·布什接待英国女王时的笑话，布什寒暄说，下次来访把你的kids带来。这就等于给女王说，下次把你的崽儿都带来啊，难怪人家说小布什傻啊。”这是真话，其实更细致地说来，正式的语体里面还分为古体、诗体，非正式的语体还有戏谑亲热的语体、俚语等。如在讲到中国古典诗歌的英译时，我们还给学生区分了各种“马”的英译之法：铁马冰河入梦来、浅草才能没马蹄、古道西风瘦马、胡马依北风，等等，这些诗句中的“马”翻译成英语要看说的是哪种马，horse是普通体，charger（战马）是古体，steed（骏马）是诗体，nag（赛马、废物马）是非正式语体，plug（老、劣马）是俚语，表亲密关系的语体。教学中，我们一直注意要学生铭记，在法律、外交文书、学术讨论中必然用正式语，而日常会话中非标准英语和俚语更为常见。我们在课堂举出的例子，在访谈时有的学生就能回忆出来，可见相关词汇教学对学生的触动很大。

汉语中一些同名词需要按照内涵侧重点的不同而翻译成不同英文词汇，这样才能保证用词搭配正确。我们在《中国文化概论（英）》教学中，在不同的专题中按照需要给学生进行词汇的区分。在“政府和政治”的专题中，我们区分了 reign 与 dynasty、government 和 administration、social problems 和 social issues 等。在访谈中，学生中有人回忆到这一部分的讲解，说：“都是‘政府’，但中国政府叫 Chinese government，而胡、温政府是 Hu administration；棘手的社会问题，像青少年犯罪是 social problems，而一般的社会问题，像大家关心的就业啦都是 social issues，但是如果处理不当，social issues 也会转换为 social problems 呢。”当然，还有些诸如亭子、轩、厢房之类的中国文化词，在英文中对应的词有细微的区分，这些学生都很感兴趣。

词语中的褒贬情绪也是学生必须把握的。一般说来，按感情色彩可把词分为褒义、贬义、中性词。我们在讲到“性别歧视”传统的时候，给学生讲了文化中各种的“谜之美丑观”，举例子让学生看各种描述身材“瘦”的词，slender、slim、lean 为褒义词，thin、underweight 是中性，skinny、gaunt、lanky 含贬义，然后我们给学生做了一个游戏，分别用“我”“你”“他”这三个人称，以褒义、中性和贬义三种形式表述同一个意思，诸如“我坚定，你倔强，他呆板”，学生就兴致勃勃地进行练习。最后我们给学生讲从中我们能看出的道理：日常生活的绝大多数争论，对立的并不是观点而只是情绪，并不是根本立场而只是表述方式；美丑的标准随文化而变迁；如此等等。有学生回忆这专题的学习时还记得这组词和专题所要表达的主旨。

三、学生肯定的词汇教学法：从词块理论的角度深化学生“猜词”的能力，使其摆脱“英汉对照记单词”的刻板方法

“人们记忆、存储和使用不是以单个单词，而是把搭配作为词块一起记忆的”（吴雯，2009：70－71）。词块是语言的重要组成部分，在教学中使用词块理论有助于学生形成规范和习惯的英文表达。对语料库的研究表明，英语的语言交际不只是通过传统的语言学所认识的单词或固定短语的

使用来实现的，自然话语的90%使用的是处于这两者之间的半固定词块（chunk）结构，Sinclear通过语料库研究证实，那些出现频率高、不同程度词化的词块是英语中的基本语言单位（濮建忠，2003：439）。词块理论中的“搭配”有多种形态，以下是我们可以在词汇教学中加强的方面。

我们在某一个学期的每节课前安排了“成语俗语英译”环节，从文化差异的视角快速浏览不少成语俗语，诸如一贫如洗（as poor as a church mouse）、吓得魂不附体（scare the devil out of sb），事关中西方宗教文化；而成语笨手笨脚（be all thumbs）、掌上明珠（the apple of one's eye）则可引导学生关注“身体”的各种隐喻；而呆若木鸡（as dumb as a duck）、热锅上的蚂蚁（a cat on hot bricks）、死猪不怕开水烫（A dead mouse feels no cold）是自然环境和生活习惯在语言上的反映。可以说，词语虽小但如水珠反映太阳的光辉，足以让学生在各个专题中看出文化因素的无处不在。在我们收集“词汇教学的效果”反馈时，有学生深有体会地说：“成语俗语沉淀了民族的文化意识，也有历史和生活环境的折射，老师的讲解提升了我们的英语水平，增加我们对文化差异的了解。”

由于前缀后缀等构词法可以造新词，前缀、后缀等也算是“词块”的形态之一，我们需要引导学生加强对构词法的理解。《中国文化概论（英）》在讲到哲学专题时候，就后缀 - ism 的用法对学生进行了引导。有学生还记得教师的说法：- ism 在英语学习中频繁出现，其基本内涵是一套关于什么的理论、说法、做法，不见得都翻译为“主义”，比如 Confucianism（儒学、孔子思想）、Maoism（毛泽东思想）、Marxism（马克思主义）等指的是谁的说法，而 racism（种族主义、种族歧视）、sexim（性别歧视）、classism（阶级歧视）是针对某内容的一套做法和说法，另外 theism（有神论）、Atheism（无神论）中的 the 实际是 the God 的简称。学生说：“这样一讲解，我对这类词有豁然开朗的感觉。”词块实际上是单个词和其他词的“组合”，词块理论指导下的词汇教学可“激活”学生的已有词汇，同时也扩大其现有的词汇量，增强其“猜词”的能力。

四、学生认为应该加强的词汇教学法：从附带习得理论的角度深化学生词汇的实际运用能力，为其提供外语学习的材料、网站等，引导其在阅读、写作、听力中积累词汇的知识

词汇附带习得（incidental vocabulary acquisition）是相对于有意学习而言的，有意学习指学生特意地背记单词，如通过背词汇表或者是做词汇练习来记单词；而附带习得则是，在进行其他学习任务时，如阅读文章、听英文歌等，学生并不是把注意力放在记单词上，却附带习得了单词（盖淑华，2004：40）。附带习得的词汇也许是不深入的，但是对词汇的积累、复习、运用起到重大的作用。

英语词汇内涵丰富多变，有的含义或引申意义甚至在词典的词条里都找不到。这就需要老师讲解，但同时需要学生在日常的运用中体会词的语义，在语境中准确把握词的含义。广泛阅读是课外深化词汇学习的最有效的手段。由于时间的限制，课本教材附带的阅读材料我们在课堂上很难精讲，但可以作为阅读作业让其自主学习。我们可以推荐学生看中国经典小说的权威英译本，阅读诸如圣经、希腊罗马神话、莎士比亚故事等的简写本，既增加了词汇，又强化了其文化素养。同时也可以另外利用网络英语资源加大学生阅读量，提高其词汇能力，让学生看英文网站如 China Daily，Newsweek，New Yorker，Reader's Digest 等上面他们感兴趣和能够读懂的文章。写作方面的词汇习得可以结合其阅读的材料进行，鼓励学生上交他们的读书心得，训练其笔头表达能力。为提高学生写作能力，还需要鼓励学生经常查阅合适的双语字典，也可以推荐网上语料库如 BNC、Cobuild、LDC、LOB 等。网上语料库与传统英语词典相比，最大优势在于其拥有大量活生生的、真实自然的语言例子。通过听力增加词汇可以利用英文电影、歌曲等进行，但要注意的是最好有老师的任务、检查等相关配套条件才能收到良好的效果。

“词汇晶莹闪烁，词汇散发强烈的光彩……词汇就像亮丽的砖头构筑了所有语言的结构。”（Aitchison，1994：91）中国学生学习词汇多年，但很多人不得要领，有高校教师调查 2008 级研究生中“仍有 71% 的人认为

词汇量是他们英语学习的主要障碍，他们在词汇学习方面投入多，产出少，对词汇的掌握并不尽人意”（贾绍东，2008：716）。

英语词汇教学非常重要，教师是课堂上直接与学生打交道的人，也是学生课外学习的有力指导者。怎样“激活”学生的“休眠词汇”？怎样“纠正”学生的“误用词汇”？怎样让学生觉得自己的词汇有“用武之地”？这些都是我们《中国文化概论（英）》教师所考虑的问题。教师在词汇教学中一定要注意策略，重视例句的生动性、文体知识的传播、词块的处理、课外的词汇附带习得的方法。实践证明，这些策略对词汇教学是行之有效的，越来越多的学生可以学会在具体情景中用恰当的语言形式表达恰当意义。芬兰学者罗尔夫·帕尔姆1986年在《英语教学论坛》杂志上撰文指出：“真正认识一个外语词，要求学习者做到能识别其口头与笔头的形式；能随时回忆起其词义及形式；能把它与相应的实物或概念联系起来；能以适当的语法形式应用它；能以公认的方式读出它；能正确拼写出来；明白它的内在含义及其关联意义；能将它用于合宜的语体及适当的语境中。”（陈斌，2005：65）我们通过课堂中各种理论实践对词汇的讲解策略、课外对学生“附带习得”词汇的策略，目标莫不如此。

第二节　关于“能力培养”的教学反馈

我们在《中国文化概论（英）》初步教改时，特别想根据批判教育学理论来培养学生的思辨力，所以在课程专题的选择上、在授课的方式上，我们都朝这个方向去努力。经过几年的实践，我们有了更多教学经验，同时对“文化素质和能力”的要素的认识也有所提高。在这次对“能力培养”教学效果的合作性行动研究中，我们先研究了国际上通行的文化素质和能力要素有哪些，然后据此做出了问卷调查表，调查了在学生心中《中国文化概论（英）》这门课程对其“文化素质和能力培养”的作用。

一、关于培养能力的文献

有不少学者研究描述怎样在不同课程中培养具体的通用技能，也就是说，在课程学习中植入终身学习能力的培养，特别是高端的思考能力（De laHarpe，Radloff and Wyber，2000；Hattie，Biggs and Purdie，1996；Jackson，2000）。

与教师相关的学习环境对学生学习效果的影响，文献有几个方向。首先是关于好的教学特色何在，马什明确说，好的教学是多维度的建构（Marsh，1987），费尔德曼说，在设计评估工具时，有必要确定哪些是能促进学生学习的良好教学因素，其对这些因素的列表最有影响力（Feldman，1976，1996）。其次，学生的学习受到其对盛行的教学环境的看法的影响（Ramsden，1987）。"'学习环境'指的是学习时所处的社会的、精神的、教育的语境，其影响着学生的成就和观念"（Fraser，1998：3），这个界定很宽泛的，指向了课堂内外的教与学，也指向了影响到学习方式的语境因素。有综合文献论及促进学习深入的语境类型，比格斯在前人基础上确定了四个因素，即结构良好的知识基础、适宜的动机促进环境、学习者环境、与别人的互动（Biggs，1999：73）。这些说法促使教师为保证教学质量，积极反思、观察自己的教学行为，塑造教学，以便最大程度上鼓励学生素质的提高和能力的发展。

具体到学生素质和能力的要素，有研究者提出应该注意培养学生的六种能力，即批判性思维、自我管理式的学习、适应性、解决问题的能力、交流技巧、人际技能和团队工作能力；教与学的环境度量因素则有九个，即积极主动的学习、理解为目标的教学、评估、课程的连续性、教师—学生的互动、为辅助学习而进行的反馈、教学员工的协助、与其他学生的关系、合作性学习（Kember and Leung，2005b）。这些因素的重要性已经得到验证，值得我们借鉴。

二、"能力培养"教学反馈表的设计说明

为了获得真切的教学效果反馈，很有必要设计出一份关于《中国文化概论（英）》能力培养的问卷调查表。问卷是调查研究的重要工具，但正如裁缝的尺子如果不准就做不出合适的衣服，问卷如果设计不当，对于研究结果会产生关键的不良影响。好的问卷的重要指标是内部准确性和外部

一致性，前者要求问卷中的各个问题设置的相关性或者集中性，后者指的是在短时间内用同一个问卷对同一人群测量两次，用前后两次所得的结果进行比较，分析其相关性。

我们设计的问卷内容项目参考了葛安巴和莱昂所列举的内容。第一，他们在考量学生学习能力要素时，曾向教师发问卷，调查这些要素的相关性，与其他研究者的结果对照（Kember and Leung，2005 a&b）；第二，他们曾用自己列举的衡量学生能力的九个指标向毕业的学生发放问卷，取得了学生方面的积极反馈（Kember and Leung，2005a）；第三，我们自己考量，觉得葛安巴和莱昂所列举的各项指标涵盖的因素全面而实在，也简洁，施密特说，为了回收率（其影响到可信度值），应尽可能把衡量项目精简（Schmitt，1996）。尽管衡量项目只有 15 个，但可以看出，六种通用能力和九个教学因素可以分组，各能力和因素之间相互关联，而且把培养学生能力作为教学目标之时，我们就能看出教学环境与学生能力之间的关联性，见下表：

六种能力	智力潜变量（4 种）	批判性思维
		自我管理式学习
		适应性
		解决问题
	合作潜变量（2 种）	交流技巧
		人际技能、团队工作交流
九种教学环境要素	教学要素（4 种）	积极主动的学习
		以理解为目标的教学
		评估
		课程的连续性
	师生关系要素（3 种）	教师—学生的互动
		为辅助学生学习而进行反馈
		教学员工的协助
	学生—学生关系要素（2 种）	与其他学生的关系
		合作性学习

然而，素质和能力指标作为潜变量，是软性的、难量化的内容，无法

直接度量，例如思维能力等；但其可以通过某一个侧面来进行反映，可以通过显在变量反映出来，比如面对一个难题处理所花的时间之类来间接测量。我们的问卷（见本章附录《中国文化概论（英）》学生“能力培养”问卷）在这些要素下又分为34项目，每项分“非常不同意”“不同意”“不好说”“同意”“非常同意”共五个层次，考查六种能力的发展和教学环境中的九种要素。问卷是开放式的，半结构化的问题要学生描述教学的方法、评价和课程，这次“能力培养”教学效果的考查，是想从“量化”的角度看出教学对学生能力的直接影响；然后我们又对参加了问卷的学生进行了访谈，是为了便于教师和课程设计者取得对什么是良好的教学环境有更详尽、更丰富的描述，访谈中教师在学生谈到某问题时会在必要时提示。访谈是“质性”数据，能显示教学过程对“培养”学生的学习能力至关重要，也是问卷调查“外部一致性”的指标所在。

三、《中国文化概论（英)》学生“能力培养”问卷和访谈结果

调查问卷的样本是在选修了《中国文化概论（英)》的英语专业本科生及毕业生中发放的，样本共100份，回收92份，回收率92%，去除信息不全的2份，有效卷为90份，占发放卷的90%。用SPSS软件计算出的平均值、标准差、可信度值见下表：

		平均值	标准差	可信度
九种教学环境要素	积极主动的学习	2.92	.90	.78
	以理解为目标的教学	3.64	.78	.81
	评估	3.47	.76	.79
	课程的连续性	3.46	.89	.77
	教师—学生的互动	3.34	.93	.88
	为辅助学生学习进行反馈	3.49	.75	.80
	教学员工的协助	3.43	.81	.64
	与其他学生的关系	2.96	1.07	.87
	合作性学习	3.01	.86	.72

续表

		平均值	标准差	可信度
六种能力	批判性思维	3.44	.98	.79
	自我管理式学习	4.01	.72	.71
	适应性	3.85	.69	.60
	解决问题	3.71	.68	.68
	交流技巧	3.03	.96	.71
	人际技能、团队工作交流	3.11	.84	.53

以上问卷调查的结果显示，教学环境直接影响了学生的能力增长，也就是良好的教学环境利于培养学生能力。随后进行的质性访谈的数据有助于强化结论。我们关注访谈中关于最佳教学行为的描述，以便能找出最能培育学生终身学习能力的教学环境的类型。访谈时采用的是开放的诱导的姿态，然后我们把访谈中的评论按照教、学的各个侧面予以分类，比如测评、师生关系，各种分类的类别与访谈模型中的教、学环境因素相一致。结果合情合理，量化数据和质性访谈的结果很多重合。下面从访谈中的引语可以看出，量化指标的小标题与访谈内容的吻合度。

（一）教学要素四变量——积极主动的学习、以理解为目标的教学、评估、课程的连续性——直接影响到智力潜变量和合作潜变量的六种能力的发展。

“积极主动的学习”的重要特色是师生互动的程度，教室中促成讨论的提示让学生印象深刻。“我们有师生讨论和小组讨论，与教授的互动生动，我们形成说出自己的观点，会得到教授适时的回应。他们所选话题不俗，对你的认知系统有冲击力，使你真正思考。他们会准备许多问题，激发你思考，学生都积极投入，认真思考，形成自己的意见和答案。”这些带有批判性的研讨训练了学生批判性思维和其他高端的思维能力。而且，在教学活动中给学生研讨类训练也很重要，有学生说，学习内容不都在课堂完成，得自己找到材料进行训练，“比如，有时给的专题说明并不包含所有信息，所以我们得自己找资料获得各种情况的当前动态和思潮的详情。”这样，我们也培养了学生“自我管理式学习”的能力。

“以理解为目标的教学”为的是激发与智力潜变量相关的能力（批判性思维、自我管理学习、适应力、解决问题）的发展，教师有必要重视深化学生对关键概念的理解。高端的思维技能发展是通过学习中应用实现的：“《中国文化概论（英）》的教师好在给的是真正生活的例子，有的是漫画啦、歌曲啦，呈现形式不那么正式但充满了智力上的反思，让你看到怎样深入分析一个问题，而不是只停留在表面，我们喜欢。”也有学生说：“老师不会给你一个现成的答案，希望你自己进一步探索这个题目。老师运用问题来激发你更深的思考这个问题或者找出答案。从学习的角度看，有些学生或许喜欢老师直接给答案。”教师需要抑制说教或是直接讲解的冲动，教学中采用提示、鼓励的方法让学生自己来探索问题。

“评估”是非常重要的一环，因为其强烈影响到学生采用的学习方式（Biggs，1999a；Bain and Thomas，1984）。为鼓励学生能力的发展，有必要用一系列各种形式的评估形式，以下引语显示不同形式的评估，而且学生能看出哪种形式的评估是针对将来他们需要应用的哪种能力。“我们各种评估手段，比如学期论文、期末考试、口头考试，我们还不断地因课堂表现而被教师评估，如是不是准时之类。”“我能举出一个例子。有一次，我们第一次被要求设计文化展的海报作为部分作业。”“我们进行过教学实践活动，老师要求我们去博物馆参观，事先查找资料，设定目标和预想结果，然后设计需要怎样的英文介绍，确定当天的目标，写下来，以备老师评估。老师也当场点评了我们英文介绍的优劣。”当然，也有学生对评估的过程有些意见：“我们有个人展示、个案分析、小论文写作、基于一些研究的学期论文。有时候，我们还有临时小测验，但不常见，除小测验外，所有这些评估的形式往往是有点主观性的。”我们觉得评估要用不同的形式，评估的主观性表明这是在衡量高端的思维能力。不过，看来完善评估的过程是我们努力的方向，另外，给学生选择也有一定问题。比如有学生说：“我对评估性实践非常满意，我可以自主决定是写学期论文还是做个人演示，给我自由专心深入钻研我选择的话题。我很喜欢这种方式，能做我真正喜欢做的事情。代价是我可能只对知识的某一点有极其细致的了解，而不通晓别的更宽泛的问题了。”

为了促使学生更深入地了解学科的关键概念，很重要的一点是让学生看到话题之间的关系，我们所重视的“课程内部的一致性”也得到了学生好评。“各个专题的关联性很好，老师课堂上也经常强调我们这个专题的位置，与前后专题的互文关系之类。否则，各个话题就是孤立的信息碎片，等课程一结束就被忘得一干二净。”

（二）师生关系三要点——师生互动、为辅助学生学习而进行反馈、教工配合——虽然不是直接影响到能力发展，但间接地通过教学环境的其他两个变量来影响学生能力的发展。

“师生互动”是师生关系三要点中最重要的潜变量，良好的师生关系和高度的互动促成学生更积极地投入到讨论中来。亲密关系的发展、积极的师生关系也能帮助班级学习团队培养内部的一致性，形成正向的学生同辈关系。访谈中，学生提到了《中国文化概论（英）》课程学习师生的互动问题，下面学生的引语表明重要的不是互动的量，而是互动的本质。“我们老师很善于就我们的想法提问。据我观察，一开始我的想法是确定不移的，然后你继续考查，就有了别样的想法，也就发现你原来的想法并不见得好。老师呢，就我们的想法提问，‘你认为这里这样好吗？’有时感觉被问时，先是想法越发不清晰，越发缺少方向，然后他们会继续问你问题，我认识到他们试图要我们反思，他们给我们提出这么多的问题，就让我疑心他们是想要我换种思维方法。真的是要看他们的提问技巧而定。”这里可以看出，要求学生更深入地探索和反思的提问的技巧更能激发高端的思考能力。

谈及“为辅助学生学习而进行反馈”，我们知道好教师会给学生以反馈，这种反馈可以是给全班的，学生说，“对作业的反馈是对所学课业的课堂上集体进行的，他们会告诉他们普遍存在的问题”。反馈也可以是个性化，学生说，“针对个人的反馈，老师想要与你在课外探讨”，“有时候，你交了份特别好的作品，或者极差，那么教授就会私下里与你讨论了，相当灵活，相当随和”。这两种反馈看来给学生留下了良好印象。

“教学员工的协助”特指的课外与老师的联系，为了形成高级的互动，教师应该让学生想要讨论的时候能联系上，或者能得到课外自学的相应帮助。学生说："一般说来，教授都有开门办公的时间，学生可利用这个机会见老师，若是不利用，是学生自己的损失。教授很少拒人千里，就我的经验，只要你找来，就很高兴也有能力给你指导。"有的学生不想去办公室，那也有办法。有学生这样说："即使教师在课上没有说多少，但我们能直接问。他们会给我们充分的时间去见他们，或者我们给他们发邮件，他们会给出书目或者是参考的途径。"以上反馈说明，我们这门课的师生关系受到了学生肯定。

（三）学生同辈关系两变量——学生之间关系、合作学习关系——直接影响到学生人际交流与协作能力的发展。

"学生之间关系"对课程学习，特别是在有讨论因素的课堂教学模式下，发挥着重大影响。有学生说："作为同学，我们本来就比较熟悉，而课堂讨论等环节让我们更加了解彼此的观念和见解。《中国文化概论(英)》上课期间，我们被安排到不同的讨论小组、互助小组、实践小组去，那种方式让我们彼此更亲密。"也有学生说："我们学习小组的同学们关系颇好，在课堂上我们讨论了许多，真的很有帮助啊，我们分享彼此的想法。就那样收集更多的看法，我们彼此交流得真好。"

"合作性学习"强调的是学习团队的建立。有学生说："不时地，在讲座中我们有些东西不大理解，课后我们会很自然地问问朋友。"还有学生说："对我们不理解的东西，我们一块儿重温就理解了。"另有学生提及："下课后我们还能继续研讨，这对我理解所学科目、加深记忆帮助很大。我们还讨论如何写好书面作业，考试怎样考好。这确实提升了我们的学习质量，比我自己学、去图书馆、按照著者名录啃书本可要好得多了。"也就是说，整组的学生在一起合作学习，可以达到对学校内容的更好理解。这种合作性学习在交流和人际技巧方面给学生提供了实践机会，相应地能促进他们的成长。

不光是《中国文化概论（英）》，还有其他课程，我们都应当把学生"能力培养"作为一个目标。这越来越成为一种共识，比如相对统一的高校体制的政府，如澳大利亚、德国、新西兰、西班牙、瑞士、英国，纷纷推出报告和计划号召培养出具有高端思考技能的毕业生，以及上班的通用的能力（qtd kember，Leung，Ma，2007：610）。我们对“能力培养”教学效果的反馈，会启发我们和同仁进一步思考以后的教学和教学改革方案。

第三节　关于师生“主体性”的教学反馈

虽然前面我们对“能力培养”的各个要素进行了调查分析，但我们想对其中一个要素——主体性——进行更深入的探究。从20世纪80年代起，教育教学领域对主体性问题的研究开始兴起，到21世纪仍风头坚劲，有人说网络时代的学习问题也是“主体和主体性的哲学问题”（Floridi，2005：656）。本节先梳理“主体性”的内涵和表现形态，然后展示根据主体性内涵框架对《中国文化概论（英）》课程教学“主体性”问题进行调研的发现（师生主体性发挥方面的良好做法和不足之处），最后提出更好发挥教、学“主体性”的建议。

一、主体性：概念及表现形态

笛卡儿的认识论“我思故我在”将自我主体作为哲学的第一原则，“使主体真正成为相对于具体客体而存在的主体”，“深刻地影响着现代教育教学观念，并使主体性原则成为日常教学交往的根本性原则”（刘要悟、柴楠，2015：102－109）。然而，主体性是个复杂的问题，学者对其界定各有侧重。李泽厚说，主体性概念包括两个双重内容，第一个“双重”是具有外在的（即工艺—社会的）结构面和内在的（即文化—心理的）结构面，第二个“双重”是具有人类群体的性质和个体身心的性质；这四者相互交错渗透，不可分割（1985：419－431）。有学者认为，关于主体性的规定性，概括起来主要指人作为活动主体在对客观的作用过程中所表现出来的能动性、自主性和自为性，其中主体能动性包含主体对于主客体关系的自觉性、主体的选择性、主体的创造性（袁贵仁，1996：103－105）。也有学者说，“主体在与他人、与社会的关系之中表现出自主性；主体在对象性活动中，即与客观物质世界的关系中，表现出能动性；主体在与自我关系中表现出超越性”（肖川，1998：1）。如此种种，不一而足。

我们在文献的阅读中发现，国外学者 de Sousa（2002）用了一个“各个击灭”的策略列举了关于主体性的不同变量，把主体性的表现形态分为视角主体性、能动的主体性、主体间性三种。

形态	变量	内涵
视角（Perspective）		与个体的视点（point - of - view）有关的主体性，个体在时空中处在某特定位置，还有个体随时日累积了的视点经验
能动性（Agency）		与决策、选择能力相关的主体性
	专门独属（Titualarity）	体验到自己的行为只能独有的主体性，无人能以我的方式来体验我的行为或选择
	特许准入（Privileged Access）	对自己心理和活动（包括情绪和认知状态）独一无二的接触权的主体性
	观点特定（Seeing As）	依自身意图来“固定”一些身份，且用特定的方式来看待事物的主体性
	投射（Projection）	归结出子虚乌有特色的主体性
	固化体验（Incorrigibility of Experience）	觉得自己的主观感受凌驾在所有其他形态的真相和事实之上的主体性
主体间性（Intersubjectivity）		通过主体间的互动发展出来的主体性

从上表可以看出，主体性有各种具体蕴含，但总的说来就是强调“自我”，即我看、我能、我与人交往。在能的方面，说的就是决定的问题，即我能行动、我能体味、我有想法，我会总结、我坚持己见。

在教学中强调“主体性”传统上都是强调“学生主体性”，呼吁“把学习的主体性还给学生”，因为“课堂已被逐渐地模式化，教师有一套特定的教学流程，如新课教学、例题解析等，这些学习流程，学生的参与很少，他们更多地是知识的记录者，而不是发自内心的理解”（刘卫国，2016：34）。我们认为，在一门课程的教学中，师生的主体性都很重要，教师“发自内心”的教学和学生“发自内心”的学习，才能把知识的“知”转化为“智”。于是，我们以上表的变量为依据，就《中国文化概论（英）》课程教学“主体性”问题展开了行动研究。

二、“主体性”调查：《中国文化概论（英）》教学效果行动研究第一步

《中国文化概论（英）》指的是用英语讲授的《中国文化概论》，作为英语专业大三学生的限选课在我校已经开设十余年，我们教学团队也进行了系列教学改革（吴新云，2015）。为检验教学效果，我们决定用行动研究的方法来对教学中师生的“主体性”进行调查。行动研究坚持一套循环的“计划、行动、观察、反思”行动来解决问题，现在“已经成为许多研究项目的重要组成部分，在教育领域尤其如此”（Glassman，Erdem & Bartholomew，2013：272）。我们在行动研究的计划阶段，觉得主体性变量在学习过程中应该有几个特点。其一，主体性应该在教学中有“明示”，也就是个体应该在学习中以发言、对课程评价等形式表现出“主体性”视角、能动性、主体间性，所以我们的问卷或者访谈应该涉及的是老师或学生对自我发言的评价、对课程内容有些什么反思。其二，主体性应该是“动态”的，也就是说“主体性”会根据发言数量、频率和互动的质量而随时波动，这就要讨论什么样的场景或是频率更适合发挥主体性。其三，“主体性”是有表现指标的，在有波动的同时，也有“累积性”，也就是通过持续的出现、动态过程而形成一个综合体，最后会不会发现了课程带给自己视角、能力、交往力方面的变化。所以，我们的问卷和访谈从视角的主体性、能动的主体性、主体间性几个方面调查《中国文化概论（英）》课程的效果时问了上面的问题。我们做出了主体性调查的访谈表，主要是通过对话来进行调查，安排一对一的基础的访问二十个，一个聚焦性的群体讨论，得到相对有效的质性数据。

每个存在的个性都有个视角，这个视角与自己的时空位置有关（de Sousa，2002）。我们调查发现视角的主体性对《中国文化概论（英）》来说有重要的意义，就是老师的视角意识影响到其备课的质量，而学生的视角意识增强了其思辨能力。

访谈摘录1：（团队教师A）我对视角的理解是，视角影响到每个主体对世界的观感，这个观感也许和任何别的视角都不同。我们目前的位置极大影响到我们对自我和身份的界定。今天的我这个主体就不是昨天的那个，更容易看出的是，不是五年前的那个。主体性不断演进是由于我所在的时空位置变了，我的视角也变了。而且，个体在时空中运动，我们每个人的路径对自己而言都是独特的，这个路径让我们见到特定之景，得到特定的体验，景观和体验会累积，让我们在特定的时空之点（就是，此时此地）上收获对世界的体察。我在备课的时候，收集专家对同一问题的不同视角很在意，也鼓励学生展现自己的视角。

访谈摘录2：（学生3）每个个体都有特定的视角、自己累积的经验，这些在特定的情境之下展现。老师有视角，在听老师讲课的过程中，你学到知识，也了解老师是什么样的人，何方人士、教育背景、擅长的领域、兴趣所在，所有这些帮助你确定是否与之认同，让你觉得与之有共同兴趣或者共有某种关联。我们学生也有视角，对所学专题中的某些视角我还真没想到，比如中国人为什么大体上不像西方人那样爱演讲和表现。我觉得表现视角主要得靠“说”与“写”。

访谈摘录3：（学生7）视角帮我们“诠释”别人的存在，个体都有特定的视角，会根据其参照系从特定的方式来阐释信息。我在选课前是想着学些中国文化词汇的英语表达，结果感觉特有收获的不仅是表达，重要的是老师给提供的看问题视角，好多日常生活的事件我以前没有想到过会有这么些文化内涵。讨论是表现不同视角的好方法。

能动的主体性是与决策、选择能力相关的主体性（de Sousa，2002）。我们针对每一项都设计了细致的问题，发现老师对学生的能动性不甚满意，学生对老师的能动性挺满意，但也意识到自己的能动性不足，属于从师型而不是主动型。

访谈摘录4：（团队老师B）作为一个人类主体，人有能力去做决定，用主体特定的方式去思考，去行动，表现出一种意志的自由，决定去这么做而非那么做，吃这个菜而非那个菜，看体育节目而不是新闻节目，用现金而不是微信来支付花费。作为能动的主体性彰显出很多不同的变量。但学生吧，有人在讨论中几乎没有存在感，很难了解他们，因此也很难形成有意义的讨论；有人在课堂上几乎不说话地“潜水”，其能体会到发言者的主体性，但沉默者的主体性也就是只对其自己存在，对课程活动的贡献很少。

访谈摘录5：（学生8）能动性应该是自主地表达自己的看法、情绪，采取行动吧。老师在《中国文化概论（英)》教学中的能动性很好，很多的见解，对各种专题的安排顺序和解释，说来有独特的个人特质，非学识渊博也不能这样贯通古今中西，思路开阔，其他人大概不会有这样的头脑属性、所经历事情的方式。这种主体性也挺给我们压力的啊（笑），回答问题时候会想自己是不是太肤浅啊。要是老师让课堂讨论在总评中的分值增高，我受不了，也就不得不更多积极参与讨论了。

访谈摘录6：（学生11）我知道，我肯定有独特的头脑领地和活动，情绪及认知的状态，像预期、疑惑啊，都是我的，不能被别人所拥有，别人不能以我的方式感受我的快乐、悲伤、厌烦、惊讶，也不能以我的方式接触那些事情。我自己是农村出身的女孩子，对《中国文化概论（英)》中中国传统的性别观相关的问题感触很深，课堂讨论中也就此说了自己的想法。每个人的经历都会对后来的观点有影响，所以有可能猎人见到丛林中叶片摇摆想的是猎物动静，医生看见苔藓也许就往细菌上联想，园丁看见果实也许想的是栽培技术。每个主体所见的方式对自己而言都是独特的。我觉得这门课的很多选题结合了生活，对我们主体性发挥有很大好处，只是我希望老师在讨论的组织上更有序，让更多人参与进来。

从能动性的主体性看，学生对自己还是有所不满足的。在接下来的调查中，师生对主体间性非常重视，希望在未来的教学中发挥学生主体性的同时更好地做好主体间性的工作。

访谈摘录7：（团队教师A）我对主体间性的理解是，主体和主体之间的互动，主体性一定程度上也是在与他人的互动中形成的。在《中国文化概论（英）》教学中我们设想了推动主体互动的方法。一个是师生间的，就是要建立师生之间的新型关系，推动学生主体性的发展，但是在上课的过程中，我不仅事先决定内容，还不断引导学生，照这样师生间的主体间性好像并不太成形；对学生和学生间的主体间性，我们也只是在课堂的讨论中推动，是不是应该进行一定的时空延展啊？

访谈摘录8：（学生2）主观的领悟往往有一种根深蒂固的表象，表象就字面而言就“仅仅”是表象，表象对每个主体也不同，就是视角不同所见相异，比如仰望天空，也许你看一朵云像犀牛，我看见同一朵云觉得像拖拉机。这很自然，毕竟人的主体意识功能把所见的东西界定，使之有序，并相应行动。但是，对中国文化中的某些现象，我们还是需要不同的视角，别被表象迷住了眼睛，把特色归属到我们察觉但不能充分理解的事情上，老师给我们说话的机会，让我们看到别的视角，也就是其他主体的感悟，真是能丰富我们的体验。

访谈摘录9：（学生13）我特别喜欢和同学讨论，如果你有很棒的主意，用在相应的讨论下，很好的体验。特别是在你需要以小组讨论的形式合作、又得很快上交结果的时候，你若是能断定谁与你兴趣相投，谁擅长说服别人，谁写作的风格很好。如果有人对我所说表现出正面评价，我往往就能继续做类似的事情，更有信心在讨论中出力了。真的，在很大程度上，我依赖语气、质量、我与其他人呼应的程度，其他人相应的态度、深度和语气来定自己主体性的发挥，有时候人家的评价若是负面的、刻薄

> 的，我就不想继续说了。我们学生现在和老师也有互动，她反馈从我们上交的作业上学到了什么，次数越多，频率越快，密度越大，越让我们开心。以后的教学其实可以使用 chat forums（聊天论坛）之类，网络中人人几乎成了一个面对面的交流，“交流的线路”可以每天有，仿佛学生和老师一直在一起。

可见，主体间互动的数量和质量都重要。交流不仅包含话题的信息，也是关系的表征，能展示主体性互动时发送人和接收人的关系，接收者诠释互动中的情绪、群体的黏合度。互动也可有正式的、非正式的、任务型的、社交式的，等等。行动研究的调查让我们看到个体有能力通过展现自己的主体存在让自己投射到环境中，我们能通过人们愿意公开交流的程度来了解人，也能通过主体的存在感来改变教学、学习的环境。

三、研究总结：发展教学“主体性”的策略建议

经过数个回合的行动研究，根据课堂任务的性质、团队中学生个体的性格和能力等，从教改方案制定到实施，我们做了大量的观察笔记，进行了不同形式的考察和访谈，而且对零零碎碎的反馈意见也进行了收集，据此看出一些问题，想到了一些需要改进或者深化的地方。网络资源的优势运用还不充分；学生“团队为基础的学习”建设尚显不足；教师角色的变化或者教师的新功能还有待开发。

（一）亟待开发的网络资源和网络教学系统。我们《中国文化概论（英）》教学中运用了不少网络资源，例如图片、热点问题、在线电影、古代典籍译本等，但没有把网络资源打造成全新的教学环境。其实，青年一代是伴随着网络长大的，网络的依赖度很高，利用网络来进行教学有很大的优势。其一，网络可以帮助我们突破时空界限，把有限的第一课堂延伸开来，给学生创造广阔的学习空间，让其独立自主地选择自己的学习内容和方式，更易于实现“个性化教学”的目标；其二，网络如果开发得好，就能把学习材料用声像的形式综合起来表达，促使多种感觉器官的协同作业，极大地提高学习的效率；其三，当教师把任务布置下去，学生在网络

教学环境的帮助下，可以培养出“自主学习”的能力，减少对教师的依赖，独立取得知识并提高能力；其四，网络也有助于加强师生、学生与学生的交流，在网络状态下，老师可以不定期让学生以邮件、纸条、微信等形式，交流想法，这种“交流”也是学生能力的体现。

（二）学生“团队为基础的学习”建设有待加强。为培养学生的思辨能力，《中国文化概论（英）》安排了一些讨论，学生的反馈表明他们认可这种“小组讨论式”教学，我们觉得，可以考虑将这种团队为基础的学习进一步细化，比如良好的学生间的关系来自学生团队的成型，学生团体的成型应该是按照一定的逻辑合情合理地编排。这是“以学生为中心”教学法的体现，有助于充分调动每个学生的学习积极性，并保持其对学习的兴趣和信心，有研究者说学生以团队形式组织起来的协同学习，使得学生都变成了“投入的人”（Yan，2001；Yan and Kember，2004 a & b），主动输出，知道应该学些什么，怎么去学。团队为基础的合作使得各个成员互相帮助，共同提高。这种学习方式远胜于传统的教师中心的讲授教学法，是培养学生能力、改善教学环境的良好途径。

（三）转变教师角色的具体的做法需要进一步改善。比如以学生为中心的教学法，让学生自己寻找观点，教师“必要时”在那里予以帮助，但如何把握“必要”和“及时”的帮助时机都是需要探索的问题。比如，主张学生自主学习，那教师就应该准备好相应的评估，专门地把定好的知识目标以不同的形式呈现出来，考查学生对知识目标的完成情况；而且，应想办法对学生的自主学习能力进行个体纵向对比，分析其能力提高的过程；也要对学生的学习能力进行横向比较，对全部同学的能力进行差别分析。而且，教师依然有义务集中向学生传授问题的解决方案，只不过这不再是主导的教学方式了，学生得有更多机会表达观点。再者，也许教师还需要接受学生的评教结果进行分析，找出教师指导与学生自主学习的最佳连接点以供以后的教学参考。

目前看，我们《中国文化概论（英）》已经进行的教改有成功之处，以后继续在专题的安排上注意内容的深度和关联性，上课方式上重视学生能力的培养，在教学的理念上以“学生为中心”，促成教师角色的转变，以使得我们这门课程的教学有广度和深度。只有激发学生的学习兴趣，发挥师生在课程教学的主体性，我们才能深入探索宏观的走向和具体的操作过程，《中国文化概论（英）》教学过程才会在学生心中显得自然又科学。

第五章　再次改革：对“翻转教学”的合作性行动研究

我们2013年对教改后的《中国文化概论（英）》的“教学效果”进行了调研，着重这门课程对学生思辨力等技能的提升，发现了教学效果上的改善，我们也很有信心，希望将这门面向英语专业大三学生开设的专业选修课，可以开发为公共英语的选修课，以便拓展大学生、研究生的英语运用能力和文化素养，也能将其作为通识课开设给外国留学生。事关国家文化战略和学生需求，我们为上好《中国文化概论（英）》，得不断更新教学理念，探索新的教学方法。在合作性行动研究的进程中，我们认为，“翻转课堂”的方法能很好地提高我们的效果，我们进行了《中国文化概论（英）》课程的“翻转教学”设计并确认其积极的功能。在推动这种新的方法过程中，我们进行了细节上的提升和改进，那就是如何更好地推进学生“团队”为基础的学习，以及教师如何增进教室中学生“个体”的融入。

第一节　课程的“翻转教学”设计和功能

新时代新世纪，批判教育学的理念把学生培养成为具有批判性、民主性的“公民”（彭丽，2008：41），在具体课堂教学中开发学生的主体性，引导其不畏权威，消除偏见，独立而开放地思考问题。在进行合作性行动研究的过程中，我们觉得，如今比较受人关注的“翻转教学”的方法非常有助于我们强化这个目标。按照“翻转教学”的要素去设计教学改革——丰富数字化资料库、完善课程控制系统、精确课堂学习任务，能更好地帮助学生收获信息，加强课堂学习中思辨力的培养，形成科技条件下老师与学生、学生与学生平等互动的新型人际关系。

一、简说“翻转教学”

传统的教学方式多是教师课堂讲解，学生记笔记，这样的方式多培养出被动的学习者不说，而且学生一旦走神或缺课，就可能无法跟上正常的学习进度。美国科罗拉多州一所山区学校——林地公园高中的两位化学教师乔纳森·伯尔曼和亚伦·萨姆斯于2007年将录制好的讲课内容上传网上，让学生在家看，以便缺课学生自我补习，后来他们据此重新建构了学习流程，让所有学生先在家看教师的视频讲解，节省下来课堂的时间开展其他活动——团队项目、实验、讨论等（Bergman& Sams，2012），他们也因此被视为“翻转课堂”教学的创始者。

近年来，“翻转课堂/教学”作为一种创新教学模式在美国日渐流行，研究者和实践者甚多，但“翻转课堂应该是什么样没有定则”（Egbert，Herman，and Lee，2015：3）。从多数以举例子为主的相关报告来看，翻转教学的要素有以下几点：数字化讲座、课程控制系统、课本与数字化讲座相互辅助或者课本被取代、团队讨论和任务、微型课堂（就学生自学或讨论产生的问题重讲）、学生差异化学习进程和学习时间（Egbert，Herman，and Lee，2015：4）。这些不是所有翻转的课堂都包含的要素，而是各位教育工作者各有侧重的实践总结，后来者得以学习、继承，也可以修正、变化以便为己所用。

二、《中国文化概论（英）》课程的“翻转”设计

在实践翻转教学的诸多要素中，《中国文化概论（英）》课程的“翻转”设计的重点在三处：把“数字化讲座”扩展为讲座和丰富的数字化资料库；把“课程控制系统”完善成学习社区和跟踪记录平台；把“团队讨论和任务”及“迷你课堂”精确成“具体的课堂学习任务”。

数字化讲座视频和其他资料是组成翻转教学的关键要素。“一门课程的知识结构决定了学生为了学会该课题所需要的策略以及老师为教授该课

题可以使用的方法”（Donald，1983：31），所以早期的翻转课堂的数字化资料多是原讲台授课的录像，以此来宣讲结构化知识（Bergman &Sams，2012）。目前这类宣讲结构化知识的视频可以由教师、学生，或者雇来的人创作，或者由网上找来，根据需求略加改动或原封不动，在授课中给学生指定在线地址，让学生易于在课外使用。我们的《中国文化概论（英）》课程面向中国学生时，学生的结构化基本知识在中学时候有一定基础，我们所要培养他们的一是用得体准确的英文表达的能力，二是对熟悉现象从不同视角去审视的能力，即思辨力。为前者，我们收集整理各种中国典籍的英译本和译介文章；为后者，我们收集整理汉学家探讨中国问题的论文等；我们还将与两者相关的电视节目、纪录片、电影等分类集中。在丰富的资料库情况下，授课老师的视频主要是针对学习资料的要求、提出思考的问题等。

“课程控制系统”（Course Management System）是辅助学生教育课程的管理，由于“翻转教学”很大程度上是依赖网络的“数字化生存”，那么教学大纲、当下的课程预告、教师学生的往来邮件、老师和学生各自视频的粘贴、作业的在线提交、平时学习态度的监督和考察都是重要的教学环节。对《中国文化概论（英）》这门课而言，课程管理系统需要重点建设，用之管理、分类前面提到的丰富的数字化资料库，跟踪记录学生的浏览学习情况，将之完善成学习社区和发展的平台，也为教师推动教学改革提供真实、有效的数据和实证研究基础。特别的设想是，课程管理系统中我们拟引进英文“在线作文”“学习日志”环节，并安排教师的适时点评。做法是，教师把《中国文化概论（英）》中所涉及的那些有趣的甚至是有争议的话题用“思考题”形式列举出来，让学生用英语预写思考结果，课堂讨论后再写，这样“思考—讨论—再思考”符合培养学生思辨力的规律，而付诸文字更是对思辨和逻辑思维能力的强化。

“翻转教学”中具体的课堂学习发生了较大变革，传统上“老师讲学生记”的消极教学法被“学生中心”的积极教学法所取代。《中国文化概论（英）》的课堂教学实践中我们已经注重让学生积极地学习：在授课过程中，利用“知识匹配”原则，激发学生的学习兴趣；利用中西文化比较，引发学生思考；利用新的视角和观念引导学生“重审”那些所谓天经地义的问题。通过此“开心、启智、展胸怀”的教学手段，最终达到培养学生的探索意识、思辨能力和创新理念的目的。“翻转教学”中，我们把教师讲授环节基本替换为团队研讨、团队作业、团队展示等形式，老师原来那些有趣生动的话题交给学生自行探讨，要求学生把讲座相关的问题带入课堂，教师抽出较少时间进行“微型课堂”活动，对学生学习进行点评、总结、发挥等，启发学生进一步思考、探索。特别注意的是，此环节要求任课老师写“教学日志”观察每次课堂授课的得失，改进“翻转教学”各个环节相应的问题。

至于“翻转教学”中的其他常见要素，例如课本问题、学生差异化学习进程和学习时间的问题，其实是没有办法进行“设计”的。尽管由于数字化资源的极大丰富，在一些“翻转课堂”中，课本被彻底替换掉（Strayer，2007），然而，我们认为，描摹详尽的高质量课本可以帮助学生形成结构化的基础知识体系，为达到课程目标，好课本可以作为提供给学生的学习资源之一，以实体存在的形式弥补视频的不足，和视频等资源一起供学生为上课做准备。学生的差异化学习进程和学习时间不易受教师控制，但是教师可以通过“课程控制系统”来追踪、记录学生的这些情况，考察差异化学习进程和时间对最终的学习成果的影响，研究如何帮助后进学生，修改“翻转教学”中的一些问题导向，让学生都能更好受益。

三、《中国文化概论（英）》课程“翻转教学”的功能

“翻转教学”之所以备受推崇是其功能性，众多进行了“翻转教学”实践的教育工作者看到了成效。有人从正式出版的研究报告以及非出版物（诸如博客、在线教师论坛、视频、教学实践网页）收集数据，将“翻转教学”的益处总结为：学生能更好、更有效地学习；由于以学生为中心的学习机会更多，学生成绩等级提升；学生学习更加投入，课堂捣蛋行为相应减少；学生在更侧重理解力的测试中分数提高；学生需求和学校的资源得以对接（Egbert，Herman，and Lee，2015：5）。《中国文化概论（英）》的“翻转教学”之功能除具有上述事关分数、成绩的效果外，还具备有助

于批判教育学理论所期待的能面对不同信息、能思辨地处理信息、能形成平等人际关系的功能。

《中国文化概论（英）》的“翻转教学”使得学生在课前获得有价值的丰富信息成为可能。传统的课堂上，无论教师如何努力想给予信息，也不得不受限于时间和空间局促性。如今数字化时代，我们利用网络空间翻转课堂，给学生的信息几乎是无限的，此时老师面对的不是信息量如何增大的难题，而是如何进行信息筛选来帮助学生拓宽视野的同时形成思辨力的问题。我们《中国文化概论（英）》的“翻转教学”设计就很重视信息的分类，特别是重视布置对信息甄别的思考题，这样使学生所面对的丰富信息更有意义，更有价值，而不是被信息所吞没。

提供信息化事实的教学“不足”以泛化到实践，教师应该促进学生“在行动中思考”（Loughran，2012：15）。《中国文化概论（英）》的“翻转教学”的课堂设计围绕团队活动和讨论、微型课堂的形式进行，有利于课堂学习中学生乃至教师思辨力的培养。团队讨论和团队活动为学生合作性学习和解决问题提供机会，学生分享其观点，获得洞察力，他们独自一人时往往做不到这点。而微型课堂中，要使经历不同、兴趣各异的学生及时接受思辨的真谛，教师不仅要有学科的深入知识，还要有灵活的理解，将之与日常生活联系，才能更好传道授业解惑，这样老师的思辨力也是不可或缺的素质。

《中国文化概论（英）》的“翻转教学”的课堂内外设计有助于形成科技条件下老师与学生、学生与学生平等互动的新型人际关系。翻转教学的过程中，教师的角色已经发生了重大变化，由“传授者”转变为“促进者”，由“管理者”转变为“参与者”，由“执行者”转变为“创造者”，由“组织者”转变为“开发者”，师生关系据此成为学习中的合作者和伙伴。翻转教学强调团队活动、网际互动也给学生提供了一个与同龄人“合作性学习”的环境，学生与学生彼此促进，相互分享，在较为平等的互动关系中共同进步。

总之，《中国文化概论（英）》的“翻转教学”使得传统教学被资源丰富、学生中心学习方式所取代，教师给学生提供课外接触资源之途径，因而在课堂上大家可进行以探究为基础的经验式的学习。这种教学变革可帮助学生更好地面对海量信息，培养思辨力，增加了老师与学生、学生与学生之间的互动，形成新型人际关系，也将成为未来教学改革的新方向。

第二节　学生“团队”为基础的学习

“翻转教学”利用了当下的网络，将学习从课堂内延伸到课前、课内、课后三个阶段，而且特别强调课内教学的改变，将学习变成了“学生中心”的学法。这样就有一个问题，如何让学生在这个突如其来的“自主”中“有效”地学习？我们在合作性行动研究中为“翻转教学”设计了方案，在执行中发现还是需要运用“群体动力学”的原理，让学生的学习以“团队”为基础。

以团队为基础的学习（Team – based Learning，简称 TBL）是一种合作性学习（Collaborative learning），这是教学改革中最发达、研究最多的指导方法之一（McGoldrick，2012）。早在 1960 年代末就有学者预言，在课堂上引入学习者“团队式的合作学习”，也就是学生之间的互动学习，更能缓解学生的心理压力，减少课堂交际活动中的焦虑情绪，学生的观点得到展示，学生的思想、感受和看法得到分享，学习的兴趣及学习的自主性、能动性也会因此增强（Rogers，1969）。如今日渐流行的创新性教学法“翻转教学”把课堂教学的时间基本变成了“团队为基础的学习”。翻转教学的创始者重新建构的学习流程是，让学生先在家看教师的视频讲解，节省下来课堂的时间开展其他活动——团队项目、实验、讨论等（Bergman & Sams，2012）；翻转教学后来的研究者和实践者甚多，虽说“翻转课堂应该是什么样没有定则”（Egbert，Herman，and Lee，2015：3），但不可或缺的数个要素之一就有课堂上大量的“小组讨论和任务”（Egbert，Herman，and Lee，2015：4），也就是团队组织形态下的探究式学习。

目前鲜有文献谈及中国的英语教学中“以团队为基础的学习”如何大力推进，“团队为基础的学习”在国内教学中还是多体现在课堂的“小组讨论”上。课上学生“团队”或“群体”为组织单位来“谈论”各种问题，能“体现学生是学习的主体，引导学生在学习中研究、在研究中学习，激发学生的学习兴趣、激励学生对自主学习的要求”（高艳丽，2013：78）。其实，鉴于我们处在 Web 2.0 的新时代，网络内容可由用户主导而生成，不再像 Web 1.0 时代那样得由网站雇员主导生成，我们可以探索怎样把“团队为基础的学习”贯穿在整个学习过程中，特别是利用了当下的网络，将学习从课堂内延伸为课前、课内、课后三个阶段的“翻转教学”实践更应该探索具体的流程和操作方法，让“团队为基础的学习”更为便利和高效。

通过学习国内外的教改经验，摸索出了翻转教学中“团队为基础的学习”的具体流程。首先向学生推广“团队为基础的学习”概念，按照一定的原则组建学生学习团队；其次，注重方法，做好团队为单位的课前学习情况评估；再次，课堂上团队探究式学习不能止步于小组讨论，还得关注细节问题，坚持 4s 原则；最后，学习团队成员互评计入学生个体成绩评定，注重学生对团队成员和课程本身的反馈。

一、“团队为基础的学习”概念推广和“学习团队”组建

若是准备“以团队为基础的学习”贯穿整个课程，空间上延续到教室内外，时间上持续到一个学期，那么学习者必须要先接受这种形式，而且“学习团队”的组建也要慎重行事。

要叫学生“买账”，就得先要让学生理解教师为什么要用此法。一旦学生明白，这不像他们以前经历的团队讨论之类，他们就会更喜欢这种方式。重要的是上课第一天就打下基础。头次课，我们借鉴了史密斯在《学习者为中心的课堂之首日问题》中的话：

> *Thinking of what you want to get out of your college education and this course, which of the following is most important to you?*
>
> A. *Acquiring information* (*facts*, *principles*, *concepts*)
>
> B. *Learning how to use information and knowledge in new situations*
>
> C. *Developing lifelong learning skills*

and

Of these three goals, which do you think you can most easily achieve outside of class with your own reading and studying, and which is best achieved in class, working whith you classmates and the professor?

想一想你想从自己的大学教育和这门课中得到什么，下列哪项目对你来说最重要？

A. 获取信息（事实、原理、概念）

B. 学习如何在新的情境下任何运用信息

C. 培养终身学习的能力

在这三个目标中，哪个通过你在课外自己阅读和研究最容易达到？哪个最好通过在课堂上与你同学和教授一起协作才能达到（Smith，2008：2）？

这几句真是非常打动人，《中国文化概论（英）》是英文授课，所以上述直接引用即可。面对以上选项，只有很少的学生选 A，多数学生或 B 或 C。我们的讨论的结果是，A 是 B、C 必备的条件，强调说这个问题问的就是你想从大学教育中收获什么，学生都赞成说，如果不知道怎样运用，知识本身并没有太大用处。对于第二个问题，学生马上就明白，他们自己课外去获取信息更容易，但能力的培养需要与同学和老师协作。这样，我们就指明了翻转教学的价值，也说明了团队为基础的学习的意义所在。

关于学生“学习团队”的组建有两个注意事项。其一，上第一次课让学生填个信息表，使各组在性别、语言能力、相关知识的能力（以前是否修过相关课程）、电脑技术（需要几次用笔记本电脑来辅助讨论）方面的人员分布均衡。其二，座椅和座次的问题。有研究表明，教室的外形对学习效果的影响不大，但更灵活的做法会提升学生的学习态度（Espey，2008）。注意上课时最好座椅可以移动，这样本团队学生在课堂讨论中就能面对面；而且班级人数再多，只要座位可以移动都好分组活动。当然，如果团队的学生少，分两排坐，前排的转身就能和后面的学生交流，座位可以固定。关于座次，教师要非常清楚每个团队的学生在哪里坐，如果学生每次课坐在同一座位上，有利于教师熟悉学生，把握学生个体的性格和课堂表现。

二、团队为单位的课前学习情况评估

翻转教学时，课前的预习很重要，其功能就是“将学习的基本信息内容移出课堂”，学生阅读、看视频等完成后应该在网络上完成“个体准备情况评估”（individual readiness assessment 或者叫 readiness assurance test）以保证学生充分了解了基本概念（Imazeki，2015：401）。《中国文化概论（英）》是用英文讲授的中国文化专题课，授课对象是中国学生，学生对中国的基本历史和文化还是有一定的把握的，但他们并不知道文化专有名词对应的英文表达，对自己熟悉的历史事实和文化现象也没有进行过深入思考。课前预习任务是按照专题设定的，包含阅读指定的中国典籍英译本章节或译介文章、汉学家探讨中国文化问题的论文和作品摘录，观看指定英文版电视节目、纪录片、电影等，最初我们对“个体准备情况评估”以测试形式进行，每周一次，用网络记录学生个体的测试分数，但由于测试的频率过高，引发了“测试反拨效应”，有学生表示精神压力太大，日渐焦虑，还有的学生直接抱怨，“我不喜欢还没有上课就测试了啊”，或者“我觉得教授该先给我们讲透了再考我们”之类。

那么怎么最能消除学生的抗拒之心呢？我们集体研讨后认为，这个测试并非指向更高的技能，如果学生自己不参加或者做得差，他们还是得准备好上这门课，不如想办法激发学生的兴趣，让学生对这些信息有所感悟和了解即为成功。于是，我们把“准备情况个体评估”改为“团队评估”（Team Assessment）。新单元开始前在课堂上进行，好像正式运动前的“热身”一样。我们设计了多重选择题，而选择答案的揭晓使用“网络刮刮卡”形式：一个问题有五个选项，如果选对就会刮出一颗星星，如果错了，可以再试，但得分就打了折扣：第一次刮对得 3 分，第二次才刮对得 2 分，第三次才刮对得 1 分，三次以上才选对不得分。因此，不仅学生能立刻得到反馈，而且他们要是出师不利，还有动力继续讨论，再次尝试。

刮卡式设计还创造出一种“游戏”气氛，团队往往见到“星星”就欢呼，学习兴趣浓厚。

可观察到，团队作最终选择前，往往叫每个成员都说出自己的选择，若是有分歧，就解释自己的理由，以说服想刮开其他选项的成员。有时候，有成员也弱弱地说“我选的是A，不过是猜的，我没主意啊”，不过，说着这话时，也想听旁边的成员来解释为什么某个选项是正确的答案。虽然有教师担心这样的团队活动过于信马由缰，但我们并没有看到哪个团队把任务都交给一个学生，其他人一点不投入的。所以，完成这类测试后，学生们不仅知道了所有问题的答案，而且还对正确的、错误的缘由都有了解，也就对概念的把握更深，准备好了可以应用这些概念来解读问题。而且，如果还有问题，我们就用“微型课堂”来集中处理。调查显示，学生最不喜欢的测试就是单打独斗的“个体准备情况评估”，而是往往真心喜欢“团队准备情况测试”，觉得这种“团队评估”学习效果较好。这种反馈与以往研究的结果呼应，有研究者设想，以开卷考试为例，让学生把卷子拿回家自己做，还是在课堂上开卷，允许其做卷子时讨论哪种做法学生更有收获。结果把最难的内容用讨论的方法考试，学生考得最好；拿回家自己做的那部分则是很糟糕（Klecker，2000）。这说明，“团队为基础”的学习在课前准备和测试中都能提高学生的学习和领悟能力。如果需要节约更多课堂时间，让学生学习团队在课外通过联网，集体完成测试也可以，不过，学生研讨过程记录在互联网上要留存。

三、课堂上“团队为基础的学习”的4s原则

测试之后，就是把课堂时间用于团队基础上的学习了，专题讨论是团队学习的最核心环节。专家说，“团队基础上的学习”在运用讨论启发学生深思问题时，教师在操作中要做到“4s”，即重要问题（significant problem）、同一问题（same problem）、具体的选择（specific choice）、同时报告（simultaneous report）这四个原则（Roberson and Franchini，2014）。《中国文化概论（英）》课程各个专题在设计每一单元的讨论题和引导学习团队的课堂讨论时都尽力遵守这些原则，下面以“中国文化中的性别观”

单元为例作一说明。

（一）重要问题。当然我们都想让学生讨论有意义和价值的问题，我们对重要问题的界定就是相关性、复杂性兼有的问题，许多课本给出的问题都缺乏相关性和复杂性，难以用来培养学生思辨力，这样的问题我们也并不能信手拈来，但我们掌握了一个原则，时事或其他贴近生活的问题最让学生深有体会，侃侃而谈。于是，我们就找些报纸大标题、广告中的女性形象引入性别话题，比如联系流行的各个电影海报的女主角的形象来说“天使”（angel）和“妖女”（vamp）之类的社会建构和现实，纯真无邪的天使脸、邪恶性感的妖女脸代表的审美观是谁决定的？这些与中国文化中传统的女性形象和价值观有无关联？

（二）同一个问题。合作性学习的普遍方式是让各个学习团队做“拼图”，给每个团队的问题略有不同，但合在一起应指向同一结论或揭示同一本质。以性别问题的专题，讲到“三寸金莲”，我们还给学生准备了网上流行的裙子长短与女人的形象的图像（一条腿和撩起的裙摆，从长及脚踝到短及耻骨分别代表了 faithful、prudism、old fashioned、proper、flirty、cheeky、provocative、asking for it、slut、whore）这包含了性别价值观。其他如音乐中的“藤缠树”（男女经济与社会地位的隐喻）、诗歌中的“一树梨花压海棠”（婚配中年龄差的接受度）、照婚纱照时男的脚下加垫现象（男高女矮标准差），等等，不一而足，都能作为性别问题拼图的一部分让学生研讨“万象”中的“真相”。

（三）具体选择：在另外一些情况下，各学习团队也可以讨论同一个材料，他们得到的反馈就不仅是本组的，也有其他组的，比较各自的答案，讨论也就会更热烈，如有争议，会有更多解释、交锋、方案。一个团队在讨论中得对问题给出一个具体的答案，并向其他团队解释原因，虽然多数问题并非只有一个答案，但我们要求学生对某一种答案进行详尽、有力的论证，这样能培养学生的逻辑思辨、辩论等能力。性别专题系列选择性问题很多，关于美、丑的选择题有一道如下：

结合中国的历史与现状，可以看出流行语“没有丑女人，只有懒女人”

A. 是对女人温暖的激励，该推广

B. 含有“审视”的眼光，该被抵制

没有“正确”答案不是大事，一种观点说得通，另一种也说得通，真实的世界就是这个样子，重要的是我们是对司空见惯的现象进行思考，在观点的交锋中发现真知灼见。我们在团队讨论前，还要学生各自写下自己的选择，为的是保留他们独立的思想。这给团队讨论一个好的开端（他们彼此可以问都选了什么），而且虽然选的时候并非很有把握，但一旦选中，人常常会为之辩护，在辩护中深化自己的观点或者发现自己的漏洞。

（四）同时报告。如果是针对同一材料的多选题或者单选题进行研讨，团队讨论并作出选择后，各队要同时报告自己的选择，方法是各组举起写有选择的白板，或者是拿出写有选项字母的卡片，或者答案的颜色板。这种“同时报告”的形式有几个好处：对教师而言，这方便其看出答案的分布，好指挥全班讨论；对学生团队而言，这意味着他们不能因为听了其他组的说法而改变答案，当老师要求其说明时，其就得为这个答案有所承担；而且，这方便学生知道报告人所支持的观点，方便其在人家报告时记录要点或写下赞成、反驳的意见。

四、“团队为基础的学习”中成员互评

团队为基础的学习有个个体分数评定的难题：如何区分团队中每个人对讨论的贡献，学习的刻苦程度？老师的观察固然重要，但毕竟要观察的人数太多，也不可能全面，所以我们用成员互评和团队分各占一定比例来决定团队成员个体分数的方法。课堂上学生一般为 6 人一组，每人最高分 20 分，这样每个学生得到的是另外五个人给的 100 分内的某分数（如果人数少，就可以 4 ~5 人一组，分数进行调整）。评估为保证学生给予量化和质性评估，教师给完成对他人评估的学生在学期最后的总评中一定比例的分数。

团队成员互评分两次，期中和期末分别进行，前一次为参考分，供学

生学习评分之法，并按照同学意见改良自己的行为或强化自己的优点，最后一次分数计入期末总评。学生在“课程管理系统”中进行，评分为百分制，依据是准备情况、贡献程度、对别人的尊重、灵活性等等细节，要求学生给出质性说明（一段话总评，要有情况描述作为证据），然后系统保存，同时（匿名）发给被评学生。在老师计分时，这百分再转化为20%的比重。

我们刚开始担心学生是否认真对待这个过程，也就是对公平性有疑虑，但结果发现，学生的评估和教师的观察差距不大，并没有谁因为有友情而“偏袒”，因为关系不佳而“惩罚”谁。没有人投诉，学生评学生的分数也公平，因为同团队的另外5个人在评同一个人，得分低的原因在质性说明能看出来。特别是缺课情况的学生得分低，其他人留的评价是，“他/她缺了好多次”，“他/她不能来也不和我们说”。特别是在互评中要求学生思考是否尊重他人，是否具有灵活性等因素，对获得质性评价类的反馈很重要。不罕见，“某某A总是确保每个人的意见都问到，才决定我们最后的答案”，或者“某某B总是有很坚定的想法，通常也是对的，但其也善于倾听别人的意见，能承认自己的错误”，再如，“我希望某某C能多说点，一般他说的多在点子上，但是他有点太安静了”。总体上看，不管是好的还是坏的评价都是尊重别人，富有建设性的。而且，教师观察到，第一次学生互评后，得分低的学生开始对自己的学习行为进行修正，比如原先爱缺课的都开始正常出勤了，不爱说话的也在努力参与了。

五、课程反馈和“团队为基础的学习”前景

我们采集学生课程反馈时候用了两种方法，一是要学生进行打分，二是开放式的自由留言。

打分是以1～5分的选择题（调查表见附录）构成，要求学生对下列问题进行的评定：团队为基础的学习法让我更喜欢上课、团队为基础的学习法有助于我在课堂上更投入、团队为基础的学习法让班级变得更小（同学间更亲密）、团队为基础的学习法让我更加可能对教师的问题有所反应、将来选课时，同一课程我更愿意选择用团队为基础的学习法上的那门、我

理解老师为什么在这门课上运用团队为基础的学习法、教师所问的那些与现实生活密切关联的问题对我来说很重要、团队为基础的学习法让我认识到自己作为团队成员的优势和劣势、与传统讲座教学相比，我通过团队为基础的学习和训练对所学资料有了更深入的理解。各项中学生打下的分数靠近4~5的为多，大家对“团队基础上的学习”评价正面，而且班级越大，这种学习方式的优势越为大家认可。

学生的自由评论也有类似的好评，“团队基础的学习使得课堂更有趣”，“这种学习方式和我以前的讲座课堂全然不同。不同，更好”。更有人留言很详细：

> 团队基础上的学习让我获益。我知道许多人（包括我自己）往往在糊里糊涂的时候也不发问，或是因为糊涂无法提出好的问题，或是因为怕问出傻乎乎的问题让自己尴尬。以团队为基础的学习使得你和团队成员讨论并厘清问题，很容易把困惑解决了。
>
> 一开始我对团队学习很担心，知道全班同学分成几个团队来上课，我就暗想，“哎呀，少数几个人干活，其他人跟着享受”，以往所谓的“分组活动”都是这样子的。然而《中国文化概论（英）》的团队基础的学习还真有效了，每个人都得投入。我希望其他课程也用这种形式去学习，不要让团队活动变成一两个努力的同学的任务，而其他人坐享其成。
>
> 有一回我因为家中有变故缺了两次课，我们团队成员给我鼓励，帮我跟踪进度。我喜欢自己在家能自学，而且将我的发现和队友的比较，最后大家得出在课堂上能展示的综合答案。这比以前的团队活动都精彩。

当然，不是所有学生都喜欢这种以团队为基础的学习，每学年都有学生希望“教授能多解释点就更好了”。有学生非常抵触的是教学内容，“没有唯一正确答案”这点让三四个学生特别不适应且反感。还有学生仍在斥责“搭便车”现象，团队中有人贡献不多，但也和其他成员取得了一样的高分。我们的看法是，应该在学生互评前，反复给学生强调，按实际情况给各人的表现打分，就不会出现有人能跟着其他人得高分的现象。

“团队为基础的学习”在互联网的新时代会有广阔的前景。研究发现，新的互联网产品模式和技术能增强大学生的学习劲头、学业表现、教职员工—学生之间的互动，以及培养学校管理层与学生的沟通（Collis & Moonen，2008；Hemmi et al.，2009；Hrastinski & Aghaee，2012；Junco et al.，2011；Mazman & Usluel，2010），社交媒体的应用在研究生程度的课程方面的效果也很灵验（Meyer，2010）。我们应重视各位教育工作者各有侧重的实践总结，对之加以学习、继承，或修正、变化、为己所用，当我们学会如何组建更恰当的学习团队，如何更精心引导课堂团队研讨，如何更让教学评估和分数评定体系更完备，“以团队为基础的学习”必然会在未来的教育改革中发挥“革新”（Michaelsen et al.，2002）的重要作用。

第三节　教师推动学生课堂讨论的策略

总体上看，在中国的英语教学中，课堂的讨论始终是学生的一个弱项。一、我们的文化中有这样的教诲，“三教”（儒、道、释）都在教导我们莫多说话。孔子游历各国宣扬自己的思想，杏林开坛教育子弟，却说“予欲无言”；《庄子·齐物论》强调“夫大道不称，大辩不言”；佛家之“八戒”为“不杀生、不偷盗、不淫欲、不妄语、不两舌、不恶口、不说无意义话、不贪嗔愚痴及不邪见”，其中有四条是不要人“说话”的，至少是不要“乱说话”。二、传统的外语教学班级人数较多，学生发言的机会很少，使得学生对课堂教学中的讨论很不习惯。三、作为一门外语，有的学生是心理作用，觉得自己一定说不好，心理障碍造成表达的弱化。

“翻转课堂”教学模式重在以学生为中心，学生是知识的主动研究者，在教学过程中，教师鼓励学生尽量自己获取知识，发现问题，课堂教学模式从教师“灌输式”变成了学生主动学、主动问的模式。这意味着教师不再是知识交互和应用的中心，但是由于中国学生对英语讨论的不适应，我们的课堂讨论要取得良好的效果，还需要教师提供必要的支持。我们以团队为基础的学习设计对课堂讨论有很大的推动作用，但我们仍然严格要求自己，努力建立一个交流丰富的教室，在学生需要指导的时候，向其提供恰当的帮助，推进学生的主动性、积极性、创造性，使学生真正成为信息加工的主体和知识意义的建构者，教师成为课堂教学的组织者、指导者、学生建构意义的帮助者、促进者。这也非一蹴而就之事，不能期待一朝一夕完成。

当前课堂学习中“团队讨论”的效果与预期相去甚远，我们课题组使用行动研究的方法探索推动团队讨论的策略。本节简要介绍我们在《中国文化概论（英）》课程翻转教学中针对“团队讨论”活动进行的行动研究所发现的问题、摸索各种对策的过程，以及关于翻转教学中推动团队讨论的策略总结。

一、发现问题：翻转教学中团队讨论时的不良现象

《中国文化概论（英）》课程进行翻转教学的改革时，对课堂的“团队讨论”有一定的预期，那就是，所有的学生由于事先对相关知识点进行了自学，也阅读了启发性的相关材料，应该在我们精确设计的课堂任务面前表现积极，讨论中发言踊跃，对相应的问题探讨深入。然而，实际上，“翻转教学”改革后的课堂团队讨论效果一开始并不像想象的那样，相反，学生团队对问题的探讨流于表面，讨论时学生之间的互动和碰撞也不丰富。初步观察后，梳理出《中国文化概论（英）》翻转教学中团队讨论时学生、教师各有不尽如人意的做法。

学生的不良做法之一，没有老师帮忙，学生不能自行有效探讨。比如会出现如下情况：说着说着就跑题，本来要求用英语表达，但说着说着就开始说汉语；读讨论题后不知道如果开始讨论，也不求助教师，趁老师不注意时就偷偷说汉语，老师到跟前再改说英语。

学生的不良做法之二，有的团队讨论是一个学生主导所有工作。这一个学生或由于性格外向健谈，或自诩英语水平高，或自觉思想深邃，或者仅仅出于不想让讨论冷场，在整个讨论的时段从读题、解题到代表全组发表意见，一人承包，代价是其他组员没有机会说话或是讨论的积极性遭受挫败，或者助长了另一些学生随波逐流的惰性。

学生的不良做法之三，各自为政，独立地对付任务，互不相扰，埋头想如何解读老师给的讨论题目，并思索出自己的解读，但彼此间基本不相互评价和分享，最后随便指派一个人上去代表小组发言，完成老师发布的任务。

学生的不良做法之四，有的学生在团队中就是不发表意见，别人怎么说他/她就是不参加讨论，讨论团队中有同学想帮助他/她，但受助对象并不理解或者不理会其解说，不说或者没能力说出其对问题的解读或是困惑。

学生的不良做法之五，有的团队的目标就是获得一个答案就行，很少或者根本不讲策略，对解决方案很少或者根本不加以评估，他们很快就匆匆结束了讨论任务，在其他团队还在忙碌之时就陷于无所事事的状态。

推动学生讨论方面，教师的做法也有较大的随意性，并非有意识地按照某些规律来推动讨论的展开。我们比较、对照了“教师介入”时“师生对话”的数个场景，发现至少两种不良情况。

其一，教师介入时，只和讨论团队中的一个学生有互动，有时因为这个学生主动代表团队向老师提问，有时候老师无意中先向某一学生提问，然后两个人就开始问题探讨，有的时候是因为老师觉得某一学生话太少，才主动向其提问，促其说话。

其二，教师介入时，使用的问题和评论的种类关注的是讨论内容，没有评估学生的活动，没有提问，来帮助学生形成团队成员间的互问，互答，互相评价。这种情况下，大家听老师解释概念，老师一离开，学生的讨论又归于无序，无向，无成效。

翻转教学使具体的课堂学习发生了较大变革，传统“老师讲学生记”的被动教学法被“学生中心”的积极教学法所取代，但在翻转教学实施的初期，学生和教师不见得就立即掌握“学生中心”的教学法，提供信息化事实的教学“不足”以泛化到实践，教师应该促进学生“在行动中思考”（Loughran，2012：15）。如何改变学生团队讨论的不良现象，如何改进教师对学生团队讨论的指导，成为教师必须面对的重要问题。

二、探索对策：关于翻转教学中团队讨论的行动研究

针对教学中出现的问题，我们决定用行动研究的方法。行动研究坚持

一套循环的“计划、行动、观察、反思”来解决问题，现在“已经成为许多研究项目的重要组成部分，在教育领域尤其如此”（Glassman，Erdem & Bartholomew，2013：272）。对翻转教学中团队讨论“效果不佳”的问题，我们课题组不断记录、分析课堂上学生团队交流中的问题，用了几周的时间对其进行“刻意的、系统的”思考。当学生进行团队讨论活动时，学生和学生之间交流的问题何在？教师如何与学生互动，来鼓励并加强学生与学生的交流？教师的参与是否有改进之处？与随意的反思不同，我们对课堂团队活动进行录像，并转录文字，每节课后都写记录，说明发生了什么，还学习了一些研究文章，看其他教师如何做，比如通过全班讨论和问卷让学生提供反馈，如果团队中一个人做了所有工作，而有的人没有得到帮助，该怎么办（Fuentes，2011）等。比如，面对每个团队中都有对讨论不投入的学生，我们教师的课后笔记有这样的记录：

> 笔记摘录1：（“家庭关系与性别阶序”专题，讨论题“三寸金莲代表的审美观是谁决定的?”）学生甲某某不投入，看似在记录别人说的东西。……怎样能让像她这样的学生与其他学生交流起来？她也许有疑问，我怎样才能让她问问题？另一方面，我怎样让团队其他学生把她拉入讨论中呢？
>
> 笔记摘录2：（“汉语和中国传统语言观”专题，讨论题“为什么我们中国人评价一个人的人品时有时会说‘他话不多，一看就是实在人’?”）我该怎样让团队学生把乙某某当成资源？他一点也没有加入互动。我该找到更简单的题目，这样他才能解释自己的工作和想法，或者我该怎样鼓励其他学生问他问题？

在课题组相互探讨寻求答案之时，我们还多方研究前人的教学经验，比如Dekker和Elshout - Mohr（2004）所区分的成效性帮助（productive help）和程序性帮助（process help）很有借鉴意义，前者说教师的介入重在解惑，后者主张教师的介入在次数、时间上都要最小化，介入旨在帮助学生组员间的互问，互答，互相评价。为培养、提升学生—学生之间的交流，我们尽力创造并运用“程序性帮助”。

为确定讨论不投入学生是否知道别人在做什么，我们首先设计出一种介入之法，让学生“解释你已经做的”。这种介入是全班讨论“有人交流不投入怎么办”时一个学生建议的，“如果什么也不说，解释一个话题，就知道懂没懂了”。如果学生做到，就说明尽管口头上没与人交流，但至少在处理信息了。如果连这也答不上来，我们的介入就是帮助其完善理解。不是教师自己给其成效性帮助，而是要其他学生给其解说。比如要求学生“问我之前问三人”，也就是说，让学生在向教师寻求帮助之前，先向团队的其他成员寻求帮助。为了强化这条规则，教师在得知某学生想向教师提问的时候，也可询问该团队的另一名学生，问他是否知道他的同学有某个问题。如果这个学生不知道，教师便有礼貌地走开，该团队学生于是就知道该怎么做了。这种介入的缺陷是：尽管当事人说懂了，我们教师还是不知道该生是不是懂了，也不知道团队的其他成员对问题的解释是否合乎情理。于是，我们就设计了新的介入环节，要那个刚才不参与的学生“复述团队成员所讲内容”，其他团队成员可以据此知道别人对自己的说法是否有误解，如果那个感觉疑惑的学生仍然弄不清问题所在，就让其问其他学生，让其有机会把困惑搞清楚。

对于懂但不参与讨论的学生，我们让其回答其他学生的问题。通过这种方式推进其参与讨论，也让其他组员将其看成可求助对象。当这种学生不愿开口时，要求其“总结你所听到的内容”；“根据刚才所学习的内容，设计一个考试题目”；“选择刚才讨论中的一个观点进行论证”。特别重要的是，我们需要设置强调责任制的团队合作策略，告诉学生“如果你认为你们团队完成了任务，在 30 秒内找到我，并告诉我”，这个策略有助于让全组成员都承担起积极投入的责任，防止学生集体的冷场而教师不知情。

诸如此类的“程序性帮助”介入策略的运用让我们致力于研究如何推动群体交流、提高团队交流的质量，着力鼓励学生提问、回答、倾听、评判、解释等能力的发展，这取得了一定的成效，学期末的调查显示学生对翻转教学中“团队讨论”的学习方式比较认可，他们说“团队基础的学习使得课堂更有趣”，“这种学习方式和我以前的讲座课堂全然不同，更好”。

三、研究总结：推动翻转教学中团队讨论的策略建议

经过数个回合的行动研究，我们发现，根据课堂任务的性质、团队中学生个体的性格和能力等，不同场景会出现不同问题，而行动研究团队每次集体讨论应对之法，整理相关资料，借鉴别人以往的经验，总结出翻转教学中推动学生团队讨论的“程序性帮助”之法。

团队讨论的问题和对策建议

如果	建议方案
没老师和主导学生，团队成员不交流	要学生具体表述其问题
	把这些问题重新引导给讨论团队
	鼓励学生把这些问题解释给团队成员而非教师听
	引导学生参照笔记、定义、提示等其他资源
你帮助一个团队探讨某问题，你一走，他们就停止讨论	给团队留任务让他们继续交流，比如要他们比较各种解决之法的优劣
	回到团队去跟进他们的进展情况
团队中成员各自为政，独自对付任务	先允许所有学生独立地对付任务，然后让他们解释、比较彼此的方案
某一团队向你求助，但你不知道他们完成任务的进程，你需要适当的第一个问题	要团队解释目前他们都做了什么
你发现学生的一个错误理解	不直接指出错误，而用评估模式让学生自己发现，让学生比较、评估彼此的方法
学生帮助另外学生，不成功	要被帮助学生用自己的话重新解释人家的说法
	跟进，问被帮助者是否赞成帮助者的解说
一个学生主导，使其他学生无机会表达	让其他学生用自己的话重新表述主导学生的观点
	点明被主导学生所忽视的其他学生的观点
团队匆匆结束任务，没有对策略或方案评估	让学生比较他们的策略
	要学生评估彼此的工作
学生把老师当成唯一的求助对象	引导学生把问题再投给团队其他成员
	鼓励学生把其工作解释给其他人听
	要学生评估彼此的工作
学生盲目接受其他团队成员的不确切的解释	要学生用自己的话重新解释
	要学生评估其他学生不正确的观点

《中国文化概论（英）》翻转教学改变了教师与学生、学生与学生相处的时间，课堂上学生之间的互动也比以前更多了，当教师忙于与某部分学生对话时，其他学生可以发展自己以团队为基础的探究式学习。然而，如果教师和学生缺乏必要的培训，以团队为基础的课堂学习就会出现很多"无效时间"，我们教师的任务就是把无效时间降到最低，促进学生间互相帮助学习，而不是依靠老师作为唯一的知识传播者，此时"教师的功能是催化剂，指导学生的互动、活动和讨论，而非是所有知识的载体"（Uno，1990：841）。我们希望，翻转课堂中，组织有序的学生间互动交流可以确保所有人都在思考当前的任务，团队讨论的时间可以鼓励学生学会反思，从而无形中帮助我们形成了一种学习文化，让学生们把学习当作一件自我需求且有意义的活动。我们记录了《中国文化概论（英）》教师课程行动研究的过程和发现，建议大家在研究基础上培育团队话语的教师介入，也希望作为研究者的教师通过行动研究推进教学实践。

第六章　外语教师合作性行动研究的反思和前景

我们是英语教师，也就是外语教师群体中的一员，我们的合作性行动研究经验对外语教师有一定的借鉴作用。我们觉得，合作性行动研究的过程就是由诊断发现问题，然后实施计划解决问题或者改进状况。但是，合作性行动研究并非线性的，有的时候，新的理论和新的教学方法会激发出新的联想，也就诱发新的计划，将研究引向新的方向。可以说，合作性行动研究是一种鲜活的方法，不固定，永远动，让教师对自己的教学活动更加敏感，更具有反思性。

在教育领域，“合作性行动研究”一词的内涵就是“内部人”的研究，实践者运用自己的场地（教室、机构、学区、社区）作为研究的焦点。这是个反思的过程，但是不同于孤立的、自发的反思，原因在于这是刻意的、系统的运作，一般要求展示某种形式的证据来支持其主张（Anderson，Herr，and Nihlen，2007：2）。在本书的“绪论”部分，我们外语教师曾经的科研困境，经过《中国文化概论（英）》教改的合作性行动研究，我们认为，外语教师的行动研究对教师个体、教学机构、国家都具有开展的意义，怎样在这三个层面促成合作性行动研究的开展，前人有经验可以借鉴，未来也有空间供我们去拓展。

第一节　外语教师个体参与“合作性行动研究”的前景

外语教师的合作性行动研究可以说是教师个体和他人合作对教学进行反思的过程。正如杜威所言，“反思是人们有意识地去关注某一问题并给予认认真真的思考”（Dewey，1910：11），反思源于主题在某一情境中产生的困惑，是探究行为的起点，也是解决的手段，而主动的、持续的、一再的反思，并与同伴互助形成一定的解决方案就形成了合作性行动研究。若是集中精力投入去做，外语教师“合作性行动研究”的前景很美好，只要我们正视合作性行动研究过程中可能遇到的难题，讲究合作性行动研究的策略。

一、外语教师个体参与合作性行动研究的“收获”前景

根据我们自己的经验和我们研究的资料，外语教师个体参与合作性行动研究可以收获多多。

首先，合作性行动研究能促成当下教学的改善，这对外语教师而言会带来功利性和非功利性收益。国内的大学基本都有学生评教，如果外语教师通过合作性行动研究促成教学的改善，学生评教会得到很多好的结果，教师还可以基于相关数据撰写论文，这样良性的循环，教师会得到院系的表彰，得到金钱和名誉等相关功利收益。非功利的方面在于，教师的职业认同感也会加强，更加热爱教学和教育事业，越发地着力改善教学，并在此过程中获得愉悦和满足。比如，作为师范生时学教育理论，大家觉得抽象，缺乏语境，等开始进行行动研究时，在自己的教室中有目的地考察各种教学策略的效果，以前所学的理论或许就有更深的理解，更强的反思（Lyle，2003；McBee，2004；Olson，1990）。投入到假设判断、验证、得出结论这样的研究过程，能提升自信（Furlong & Salisbury，2005；Kirkwood & Christie，2006；Olsen，1990；Zeichner，2003）等。

其次，合作性行动研究能促进外语教师的专业发展，而且使得教师“终身学习”。要求或者鼓励教师投入到研究中去或许能培育更有意义的职业发展经验，因为专业的知识也进入了研究问题的语境，研究的结果打牢教育的知识基础（Furlong & Salisbury，2005）。未来的社会是个“终身学习”的社会，香港教委（1999）强调“终身学习”能力的重要，“所有时代都创造知识，新的知识持续出现，现有的知识变得过时。学习不再局限于学校课程或是局限在教室之中；学习不再是那些年龄在6岁到22岁之间

的人的特权。终身学习的时代来临了”（qtd kember，Leung，Ma，2007：610），许多地方有相似的需求关注（Aulich，1990；Australian Chamber of Commerce and Industary & Business Council of Australian，2002；Confederation of British Industry，2000；Conference Board of Canada，2000；Daly，1994；Longworth and Davies，1996；O'Neill，Allred，and Baker，1997）。以追求教学合理化为动力的合作性行动研究是一项长期的学习过程，教师需要投入智力和情感来“学会教学”，“借助于这种不间断的实验、批判活动，教师在不断完善教学行为的尝试中，作为一种必然结果，为自己创造了继续教育的机会”（Candall，2000：36）。继续教育与自身发展相辅相成，一个人的能力在于不断学习，直面疑惑，提出假设，想象解决之道，实现改变，愈来愈富有成效。进行合作性行动研究的教师有望最终成为学者型教师、科研型教师。

再次，合作性行动研究能促成外语教师的心理健康。教师的个人生活和教学效果/学生学习（Teacher effectiveness/student learning）之间的关联性已被研究所证实。有人历时四年，研究来自一百所英国学校的三百名教师的个人生活和教学的关系，结果显示，老师的身份影响到了其责任心、动机、自我效能、工作满意度、目标的明确性（Sammons et al.，2007）。当外语教师沉浸在教学的具体情境中，从中发现意义，把教学当成某件喜欢做的事，教学和科研相互融合，就完全没有因为迷惑、重复、繁杂的任务而引起的烦躁或无聊。1975 年，心理学家提出了“心流”的概念，即“非常专心的状态，没有时间去想无关的事情，或是担心什么问题；忘我，感觉不出时间流逝”，这种状态有利于人们提高生活质量，有可能把“整个人生变成一个心流体验”（Csikszentmihalyi，1990：71）。也就是说，一个人若是把所有的精力都用于发展技能以便达到目标，行动和情感就会和谐，人生不同的部分就会协作成一体——当下的每一个活动都“有意义”，对过去、未来的观念也是如此，用这种方法，很可能赋予整个人生以意义。

第四，外语教师的合作性行动研究能增进人际交流，使得工作变得更美好。工作中的“存在感理论”（Presence theory）说，心理存在感理论是某人把自己的个人、真实自我（思想、情感、信念、身份、技能）都带入工作中的一种状态。工作中，人们需要被同事认可、与同事关联的感觉（Kahn，1990；1992）。了解自我、他人所处的情境，我们面对问题时才不会惊慌失措，“合作并不总是一帆风顺，但我们的经历显示，合作能给人回报和产出”（Oja & Smulyan，1989：Preface）。教师各自在教室工作时常有孤立感，而合作性行动研究使得教师以团队形式考察相同问题，形成更高程度的互动，也提升了同事关系（Ward，1984；Zeichner，2003）。

最后，外语教师本来是为促进教学而进行的合作性行动研究有可能会有其他额外收获。我们团队的成员表示从中得到洞察力；进行了更广泛的阅读，相关理论的学习；对实践和相关评估过程有了深入反思，可以从完全不同的方式来看自己的教学实践；作为团队成员，接触到不同视角，学会了反思和考量，进行研究让教师更好地把理论和实践相结合（Kirkwood and Christie，2006；Reis－Jorge，2005；Rosiek & Atkinson，2005），增加了学科知识和教学的知识；更进一步讲，研究或许能增进批判思维的深化（Kraft，2002；Ruthven，2005），与他人探讨，也学会了挑战他人观点，成为有批判性探索的群体的一员。还有研究资料表明，合作性行动研究能“发展领导力。投入到科研的教师经常在学校担任领导职务，因为他们感觉获得了前瞻的能力，成为改变学校科研环境的推动力”（Price & Valli，2005；Zeichner，2003）。

二、外语教师合作性行动研究的“问题”前景

上面说外语教师的合作性行动研究能有助于大家获得个体的巨变，诸如职业发展、成为领导、提升自信、增进人际等。然而，我们需要有心理准备，外语教师的合作性行动研究绝非一蹴而就，我们需要知道其中的某些“困难”，从而在准备合作性行动研究的时候有心理准备。

首先，合作性行动研究中很多时候“反思”抓不住要点，令人压力较大。自发的、无意识的回顾和总结之类的“内隐”式的活动并不能带来行动研究的要点，我们需要借助多种理论工具、采用多种策略之类的“外显”式的活动帮助我们进行主动的、持续的、周密的思考。所以，不要期

待合作性行动研究简单、容易，从事合作性行动研究如果在心理上“轻敌”，非常可能在持续地面对新问题和新困难的时候打退堂鼓，无法推进研究并找到问题的解决方案。

其次，合作性行动研究的“时长”一般不短，而且“日常时间”的耗费也不少，对问题的思考、解决、反馈等一般都要进行几个回合才能找到较为满意的方案，小的问题也需要至少一个学期的实践才能看出有无效果。而高校外语教师大多“没时间”，因为上课的课时量大，经常面临教学评估，有的还兼职当大学生的辅导员，外语教师以女教师为主体，孩子家庭也需要花费时间。合作性行动研究耗时长，这在许多人眼里往往意味着效率低下，有人也就会在研究的过程中半途而废。

再次，合作性行动研究涉及的一个重要问题就是“合作”问题，集体的研讨往往能激发人的灵感，问卷调查和访谈之类的常用工具也在协作的条件下容易完成。但外语教师本来出成果就不容易，发表文章时合作研究的贡献容易出现纠纷，特别是有些杂志限定作者的人数时更容易引发合作者的矛盾，所以合作性行动研究团队厘清队员的分工和角色，事先协调好比较重要，否则就会因为矛盾和纠纷而事倍功半。

最后，合作性行动研究所涉及的难题考验的并不是宏大的构想，而是每一处细节应当如何处理。比如，我们《中国文化概论（英)》教改所设立的目标（专题的深度、思辨力的培养之类）看来并不稀奇，但落到实处就有不少的细节问题需要处理，怎么做促成交流，怎样让学生自觉地探讨问题、培养能力都需要在细则上考虑好，而这些考虑好的东西到现实中还不一定管用，不知道最终能不能解决问题。所以，合作性行动研究的成败一般都在于细节的复杂，系于“细节”解决之难。

三、外语教师合作性行动研究的“大方案”前景

外语教师在进行行动研究的时候必须面对一些困难，但是大家不要被吓到，因此不敢进行合作性行动研究，其实“难点”之所以叫“难点”是因为其经过努力可以克服，而不是无法克服。有学者说，可能一开始有些教师被行动研究的概念吓到，但稍加培训，他们就发现这些概念不难把

握，“老师们没费多少力气就找到了问题，或者查出了对问题的答案，能更快地启动自己的教学研究尝试”（Berger et al，2005：102）。大家要相信个人参与合作性行动研究的“收获”前景，以便有动力进行合作性行动。特别重要的是，大家需要有针对困难的方法。这里，我们谈一下“大方案”，也就是解决问题的大方向。

首先，怎么找问题，也就是如何寻找反思的方向。反思问题有三个要素：（1）以疑问的方式提出；（2）集中关注两个或更多变量之间的关系；（3）能以科学的方式去检验（阿兰兹，2007：428）。在开展外语教学反思之时，可以进行教育思想反思、教学理论的反思、教学策略的反思、教学目标的反思、教学模式反思、教学内容反思、教学程序反思、教学评价反思、教学方法反思和教学手段反思。我们这本书就展示了以上的多种方向性，虽然有的一带而过，没有详述。其实，教学反思应该涉及教学每节课：课前反思能明确目标，指导实践；课中反思能让我们及时调控课堂，取得较好的授课效果；课后反思能总结经验，弥补不足，为以后上课做好准备。进行合作性行动研究时关于反思的最佳状态就是时时留心，处处在意，为促进教学而殚精竭虑。

其次，非常重要的一点，是研究过程中数据的累积。没有累积，没有数据，就难以从实证基础上描述我们教改的过程，所花的时间和精力也难以形成研究成果。柯克兰—斯密斯和莱特尔把教师行动研究的素材积累分为日志、口头调查、班级/学校研究、随笔（Cochran - Smith&Lytle，1993：27）。我们在《中国文化概论（英）》教改中使用的研究资料积累法有四种。（1）教学日志，包含了我们日常教学中的所思、所察、所感，包括当日课程内容、时间分配、学生表现、自己感到满意或不足之处，有时候还会有些突如其来的灵感。日志的写法较为随意、零散，很多时候是给记录者自己看的自由式写作。（2）课堂观摩，指的是包含同行听课、课堂录音或录像回放之类对课堂情况进行探讨的活动，可以帮助外语教师发现学生的问题和教师自己的问题。《中国文化概论（英）》教改中，我们对课堂进行了多次录像录音，发现了教师在辅导学生交流时候的欠缺、教改后的进步何在等。（3）问卷和访谈。问卷调查和访谈是行动研究时获取信息的重要方法，通常可以在期初和期末进行，借以了解学生的需求、水平或进展情况，问题的项目不要太多，内容根据自己的目标设计，调查结果可以用SPSS软件处理，问卷和访谈的结果相互印证，则更加证明反馈的可信度。（4）教学和教育理论，教育教学的最新期刊文章一般会涉及相关理论，如果对某一理论感兴趣，就可以按图索骥，查找更多关于此理论方法的资料进行深入研究，以便与自己的教学改革相结合。理论给我们高屋建瓴的指导，让我们的研究有所凭依，也锻炼我们自己的思维和思辨能力，帮助我们分析自己研究中的相关环节。

再次，解决问题的关键在于懂得如何宏观规划后分解问题，细节处着眼。反思是想找到一个问题，比如研究的内容和大致方向；随后思考的是如何解决已知的问题。我们认为，每个问题都是由许多小问题构成的，每个环节细析下去，又包含无穷的问题。当然，没有必要把问题无穷地分解下去，只需要分解到每个子问题是自己有把握处理的地步就可以。问题分解得越细，解决起来就越容易。通过分解，新问题可以转化成旧问题。所谓新问题，只是旧问题的组合而已。比如《中国文化概论（英）》关于"翻转课堂"的问题，我们把问题分解后发现，前期自学和以前我们开展过的"自主学习"有相似之处，"团队为基础的学习"是把自主学习、小组讨论、评估等环节综合革新后即可达成，而教师"新角色"也是在改变"问答方式"的基础上形成的。解决问题的过程考验的是我们的热情、耐心和逻辑，只要愿意接受研究过程中遇到的挫败，一遍遍试错就可以了。可以说，对宏观问题有了把握之后，再去着手处理细节，就会明晰简洁。每一处细节的处理，都体现指导思想，没有指导思想，各处细节会相互抵牾，反之，只有指导思想，不懂得考究细节，也不会有所成就。

最后，合作学习胜过单打独斗。当然，外语教师个体可以自己进行行动研究，对自己的教学行为进行观察、评价和管理，获得信息来判断自己教学的有效程度，从而使得自己的教学水平更上一层楼，同时发表与教学改革相关的文章。然而，外语教师的合作学习会更有效。处在集体之中，定期把自己的教学体会与同行分享，也把别人的经验变成自己的财富，分析别人的观点丰富自己的思想，借鉴别人有效的教学措施改善自己的教学方式，可以优势互补，共同提高。而且，人类天生的惰性也在集体的带动下受到压制，群体动力学作用下，外语教师更能克服诸如“时间不够”（Zhou J.，2012：73）、“没有理论指导”（Zhou J.，2012：74）、充满“压力与挫折”（Zhou J.，2012：75）等问题。

总之，外语教师进行“合作性行动研究”很有必要，尽管也并非容易，但只要参与，就有收获。合作性行动研究的目标是解决自己的问题而不是别人的问题，文章和回报都是副产品，如果一时不能得到，也不用气馁；只要我们定好大目标，多听专家建议，研究理论，建立时间表，用晚上、周末、假期各种时间进行反思、写作，就一定能把科研和教学结合起来，成为好教师和优秀研究者。

第二节　单位支持大学外语教师“合作性行动研究”的前景

教学单位是个人、教育部门之间的联系者，作为外语教师的所属单位，对外语教师的成长和学生的培养负有责任。由于大学外语教师师资发展的迫切性，也由于外语教师参与合作性行动研究对办学单位的作用，外语院系应该倡导、支持合作性行动研究在本机构的开展，采取一些具体措施来帮助外语教师坚持合作性行动研究。

一、大学外语教师师资发展的迫切性

在本书绪论中，我们提到大学外语教师的科研困境，诸如时间不足、教学任务繁重、科研不得其门而入等问题；在本书第二章，我们也提到现代教学情况下外语教师的“角色”有很大变化，需要外语教师面对各种调整。这里我们简要说明一下国外学界对师资发展的看法、国内外语师资的要求，以及大学外语师资的实际情况。

20世纪80年代以来，国外的师资发展研究有三个阶段：开始时使用的概念是“教师培训”（teacher training），把教学当成一门技术来培训，教师像木匠、瓦工一样都是拥有专业技能的人员；后来随着认知心理学等

跨学科理论进入教育界，学者们认为教师需要从理论的高度来认识和把握教学实践活动，于是使用“教师教育”（teacher education）一词来描述帮助教师获得课堂技能、应用语言学、测试评估、学术研究方法等的教育过程；当前，学者更强调教师本人的自我能动性和进步意识，认为主动成长和发展作为真正的内在动力更能让教师反思教学，改革教学，促进教学，于是“教师发展”（teacher development）成为最时髦的师资培训代名词。关于师资发展研究的上述三个概念反映了教师标准从学徒型、应用科学型到反思型的转变，也对外语教师本身、外语教师所在单位提出了新的要求。

与国外相比，国内学者对外语师资发展的研究稍晚，到20世纪90年代后期开始，相关研究重点关注的是外语教师所应拥有的能力、开设的课程、专业素质之类等教师培训的问题。进入21世纪，对外语教师自身素质和教育机制的问题受到重视，这直接反映在2007年《大学英语课程教学要求》中，其明确要求健全教师培训体制。教师素质是提高教学质量的关键，也是大学英语课程建设与发展的关键。学校应建设年龄、学历和职称结构合理的师资队伍，加强对教师的培训和培养工作，鼓励教师围绕教学质量的提高积极开展教学研究，创造条件因地制宜地开展多种形式的教研活动，促进教师在教学和研究工作中进行富有成效的合作，使他们尽快适应新的教学模式。同时，要合理安排教师进行学术休假和进修，以促进他们学术水平的不断提高和教学方法的不断改进。❶

这说明，外语教师的素质培养和专业能力的提高已经越来越受到重视，专家和学者已经认识到大学外语教师的专业素质直接影响到外语教学的质量和学生外语水平的提高。

大学外语教师对自身的发展也越来越有危机感，所以很多学历低的老师去攻读学位，职称偏低的努力想在科研上有所成就，同时大家哀叹、抱怨的时候也很多，不知道如何提高科研能力，不知道怎样才能多发表文

---

❶ 教育部公布《大学英语课程教学要求》（全文）（3）http：//www.chinanews.com/edu/kong/news/2007/09－26/1036804.shtml.

章，出更多成果，不知道怎样平衡教学任务繁重和科研的矛盾，等等。

特别值得注意的是，大学外语教师的意见有些是针对单位的政策的。比如，有人说，感觉到标准化或者狭隘工具主义对教育的削弱，机构文化对标准化、目标化颇感兴趣，却不了解教师教学、科研乃至学生学习的复杂性，不真正关心（即使是从道义责任上的关心）老师对教学和学生的感觉。有的大学外语教师谈到按照单位要求进修博士项目，作为博士研究生的研究活动与正在进行的实践性教学工作之间有冲突，身为教师的每日的工作环境和需要潜心进修学术研究的压力。说到至于多大程度上需要学习研究技能来发展实践，大学外语教师的答案不同。有人明确把博士学位当成一个合法性标志，是对他们成绩的认可；而另有人认为，学术要求是更好推动教学活动的一个阻碍。另一个问题就是，作为一种学术活动受到机构资助的研究，与为个人发展而进行的研究，两者之间有无张力，大学教师的反应也不一。有人说有资助有干劲；有人则说，单位要求大家寻求各种项目的资助，会导致压力，而且各种项目多与教学实践无关；更多人则觉得这是双赢，单位发展和个人进步不排除双方互惠的可能性。有学者认为，有价值的职业发展包含五个要素，即自愿、长期、教室语境、反思性、实施时有学院支持（Standerfer，2008）。可见，单位应该且可以做得更好。

二、外语教师合作性行动对办学单位的作用

外语教师的发展涉及教学实践知识、专业知识、教学信念和行为、批判性反思、行动研究等外语教学与研究的重要方向。本书所举的例子是关于《中国文化概论（英）》教改的合作性行动研究，这里探讨外语教师的合作性行动研究对办学单位的作用。

首先，办学单位最重要的是教学质量，外语教师的合作性行动研究的效果直接作用于教学，改善课程的授课情况，其他的诸如文章发表反而是副产品。教学的改善需要从许多方面去努力，一线教师反思是非常重要的一环。我们的外语教学存在的问题需要外语教师的改变、配合来解决。比如，有人抨击高校教学的问题，“越来越多的证据持续表明我们的学校没准备好把学生培养成有效的世界公民”（Johnstone，1994：170）。这里

"有效的世界公民"是指毕业生的终身学习、适应、判断和反思的能力，如果所有的课程教师自己不断学习反思，完成课程之间的统一性，学生学习的效果能得到很大改善。

其次，办学单位对外语教师也有科研的要求，合作性行动研究开展得好有助于单位实现科研兴旺的目标，当越来越多的教师投入到合作性行动研究中，就能形成科研气氛浓厚的校园文化（Evans et al.，2000）。合作性行动研究结合了教学和科研，如果运行得当，对教师个体和学生个体都是一种认知的和情感的唤醒，会引发整个单位的许多人有意识地决定采取行动，在一段时间内持续付出脑力和体力，达成一定的目标，并在这种"主流动机心理"的状态下，获得成就感和自信心，这是群体动力推动科研开展的例证，办学单位的确需要一种研究和学习气氛才能良性发展。

再次，外语教师的合作性行动有助于人际关系的和谐发展，在教学单位促成教师间的相互提携和帮助。美国加利福尼亚大学伯克利分校的让·莱夫（Jean Lave）教授和独立研究者爱丁纳·温格（Etienne Wenger）于1990年前后提出过"情境学习"（Situated learning）的理论。在一个社群，人们也许觉得自信、成功，是这个实践活动的核心领导，但在学术领域，他们或许就觉得是新手，是研究者社群的新手、边缘（Lave and Wenger，1991）。在外语教学单位，正是这种情况，有人教学更受欢迎，有人科研成绩斐然，两者兼顾的人相对较少，合作性行动研究让外语教师们在协作中取长补短。

最后，外语教师的合作性行动研究是办学单位不断推进的教学改革的基础动力。作为一个办学单位，教学肯定是不能闭门造车，必须紧跟时代，按照人才目标和前沿的人才培养理论进行教学改革方能让外语教学推陈出新，富有活力。而外语教学改革的实践者就是外语教师，特别是那些在日常教学中注意进行合作性行动研究的教师，正是他们在对教学进行反思，关注教学过程中学生的成长，更加关注策略、方法及教学模式中的各种问题和处理方案，不断进行自我评价和教学评价，并根据学生表现出来的理解程度来衡量自己的教学是否达到了既定目标。

三、单位支持外语教师“合作性行动研究”的可行性方案

了解大学外语教师之需，知道了办学单位支持大学外语教师合作性行动研究的前景，可以说“学院和大学能够而且应该发挥关键作用，培养我们的研究和教学团体，来应对协商式和参与式管理”（Network，2005：66)。那么，具体来说办学单位应该如何支持大学外语教师“合作性行动研究”？我们以为，单位可以尝试以下做法。

其一，单位可以组织、帮助外语教师“建立团队”，进行合作性行动研究。虽然我们的《中国文化概论（英)》研究团队是自愿组合，但我们认为也可以由单位出面，帮助从事相同课型的教师相互合作，在专业教学中，无论是预设的课程、采用的教学法、选择的教材，乃至安排的课外活动都可以进行效果跟踪，从而形成对理论和实践的评估和修正、对研究素材的收集、对人才培养经验的积累。这种建立团队进行行动研究，在单位推行并非难事，而是有一定基础的。通常单位都要求教师之间每年互相听一定数量的课，要求大家互相提提意见以改进教学，然而教师们互相碍于情面，相互听课时敷衍了事，提意见时避重就轻。如果大家在单位的组织下针对教学中的问题展开行动研究，相互听课就成了研究的一部分，必定能认真地听，仔细地想，郑重地对待课堂的问题，深入地探讨，以便找出解决之道，我们的《中国文化概论（英)》的团队就是这样工作的。

其二，办学单位的政策要有利于外语教师从事合作性行动研究。在很多高校的科研处对“科研”的定义中，教学改革的研究不怎么算“科研”，职称评定的时候即便算“科研”，给的比重也相当低，这样的政策无疑会让外语教师们追求高端的更加“学术化”的各种研究，而对教学改革中需要关注的各种问题视若无睹。教学单位要改变这种政策，变为对科研任务的设定和考核至少有一部分来自课堂教学，在职称的评定方面也对专心从事教学研究的外语教师有所倾斜，而且最好能设立一些教改研究基金，鼓励大家从事与教学有关的科研。中央财经大学和中财外国语学院已经在这方面做了改革，职称评定中分设了“教学教研岗”和“教学科研岗”的类别，给以教学为主要任务的教师评定较高级职称的机会；每年外国语学院

也设立年度教学教改研究基金，面向全院教师，申报者凭申请书经专家评估通过可获得一定的教学研究资金。当然，来自学校和学院的支持形式还可以是设备、时间之类，比如给教师提供办公设备，课时工作量稍微减负，给大家更多的可支配时间等。

其三，单位对全体教师组织教学理论和研究方法的培训，强调合作性行动研究的相关程序。与前几年相比，高校外语教师的学历真是大幅度提高，新进教师基本具有博士学位，这样高学历外语教师的比重逐年提高。然而，并非所有有博士学位的外语教师都了解应用语言学和外语教学领域的前沿，所以单位最好能通过校内外专家讲座、专题研讨、课堂观摩等形式帮助广大外语教师熟悉外语教学的最新成果，提升教学教育水平，学习如何为合作性行动研究做准备，并掌握建立教师档案，进行个案研究、合作学习、自我监控等。

其四，也是很重要的一点，成功的教师—研究者或许应最少引导一个行政人员活跃地参与到研究过程（Allen &Calboun，1998；Joyce & Calhoun，1996）。办学单位的行政人员需要做两件事情：一是需要了解参与行动研究的老师的特色，了解是非常重要的步骤，唯有如此才能更有效、合理地分配资源；二是必须支持教师们的研究活动，比如知道怎样促进教师的研究，启动与维护校内教师进行科研活动的气氛，还了解如何让教师更加投入到科研的因素所在，这样的行政管理人员对学校有益，对教师有益，最后也会让学生受惠。

其五，最理想的促进合作性行动研究的方案是用制度化形态在办学单位建立起以实践为基础的“学习社区”，这里“职业的发展融进了学校社区的构造中，与来自校外的新观点的交叉营养下不时取得均衡”，这里“焦点在于在内容领域发展教师的知识，在于分析学生的想法，在于确定哪种知识融会能应用于促成教导上的变化”（Smith & Gillespie，2007：219）。学校的社群分类为教学管理者、教学实践者、学生，有学者曾提及两种形式来重审、细化、更新教师们的所学和教学知识，“正规的发展项目，以及导师制、教练制和诤友制之下的校内学习”（Day and Gu，2010：183）。《中国文化概论（英）》合作性研究团队认为，导师制不仅可以存在于师生之间，对教师做科研的外在支持也来自导师制形式，导师可以是特定领域的专家，来自本大学或者其他院系。已有研究表明，正式或者不正式地由“导师”对做研究的教师在方向和过程中予以协助是很宝贵的（Campbell，2003；Furlong & Salisbury，2005），其能帮助教师个体克服研究缺点，或者应付缺少某种理论或研究程式训练的弱势情况（McBee，2004）。教练制是更加大包大揽的一种做法，制订计划，陪同训练，对研究过程的参与度更高，但和导师制一样是上下级的关系。而诤友制是三种关系中相对宽松的一种，平等而亲密，适用于研究水平差不多的外语教师之间，彼此的相助可以激发兴趣，促成在合作性行动研究方面的成长。

很多外语教师普遍表示，希望能得到“理论培训”和“学校赞同”（Zhou J.，2012：76），单位能促成参与行动研究的教师和行政人员有所收获，单位对外语教师的合作性行动研究的支持对教师个人的发展、单位的发展、学生的培养都功莫大焉。我们期待，单位对外语教师的合作性行动研究的支持是制度化、常态化的，尽管“学校努力把科研制度化的工作是复杂而困难的，充满悖论，满是问题，然而，这对教师职业的持续发展，对学校文化的影响而言，都是希望和未来之光”（Berger et al，2005：100）。毕竟致力于改进教学单位的教学，才能为国家更好地培养人才。

第三节　国家鼓励外语教师“合作性行动研究”的前景

教育和教师对一个国家的重要性无须赘言，奥巴马政府发布“教师教育改革与提高计划”以“我们的未来，我们的教师”作为标题就很醒目且中肯。外语教师的重要性不在于教授“外语”来让我们年轻一代有机会认识外面的世界，对外面的世界表述自我和中华文化，更重要的是，在当今世界正盛行教育教学改革的大背景下，国家层面上推进各类教师的合作性行动研究的“前景”广阔。本节说明世界各国的合作性行动研究政策、我国开展外语教师合作性行动研究的价值、可能方向与现实评估三个问题。

一、发达国家与“行动研究”相关的教育政策

发达国家的教育政策改革正如火如荼，美国、英国、日本等都有各自的举措，多少都与“行动研究”有一定的关联。

21世纪以来，美国联邦政府先后推出系列教师教育法案、报告和计划，不少具有较强的代表性且对美国教师教育产生了较大的影响，在一定程度上凸显了新世纪以来美国教师教育改革所采取的主要策略和新的发展趋势，可以看出教师合作性行动研究的地位。比如，虽然小布什政府时期的《不让一个孩子落伍》（*No Child Left Behind*）是对中小学“高质量教师”进行界定，但其关于建立全国性的教师质量保障体系和监控系统、专门拨发教育经费用于提高教师质量、设立专项资金促进教师的专业发展和加强科研教学能力（NCLB，2001）的系列做法可促成行动研究的开展。奥巴马政府在2009年推出的“力争上游”教改计划中号召“增加学习时间……包括额外的时间……让教师们去合作、计划，参与到职业发展中去”（US Department of Education，2009））。《通过临床实践转变教师教育模式：国家优秀教师培养策略》（*Transforming Teacher Education through Clinical Practice*：*A National Strategy to Prepare Effective Teachers*）提出的十项设计原则，包含了教师角色转换、促成协作的内容：把未来教师培养成某一学科的专家和教学能手，教师同时也应是创新者、合作者和问题解决者；为未来教师创建一个交互式的学习共同体；战略合作伙伴关系是临床实践型教师教育模式的重要组成部分，教师教育者、学区、教师联合会和国家政策制定者等必须形成共识（NCATE，2010）。《我们的未来，我们的教师：奥巴马政府教师教育改革与提高计划》（*Our Future*，*Our Teachers*：*The Obama Administration's Plan for Teachers Education reform and Improvement*）作为一项全面的教师教育改革计划，规范了各机构报告数据的准确性和实行各州“问责制”，实行了总统教学奖学金，以“财政预算”为教师教育改革提供资助，奖励进入教师培养计划的优秀毕业生，还“有针对性地投资”少数族裔教师等弱势群体，强调与地方学校或非营利组织建立合作伙伴关系（OFOT，2011）。《“尊重”计划》（*RESPECT*：*Recognizing Educational Success*，*Pro-*

fessional Excellence and Collaborative Teaching）如标题所示，包含了赞赏教育、专业卓越和合作教学三个板块的内容，特别是“合作教学”强调政府在决策上会促成教师们共同学习、共同进步的蓝图（RESPECT，2012）。

与政策配套，美国教育部的确资助了教师研究激励机制：2007 年，美国实施“教师教育资助项目”（Teacher Education Assistance for College and Higher Education Grants，简称 TEACH 资助项目）增加教师奖励基金。此外，奥巴马政府的“教师奖励基金”（The Teacher Incentive Fund）、“教师服务奖学金”（Teacher Service Scholarship）、“力争上游计划”（Race to the Top）、“有偿共同规划的时间”（Paid Common Planning Time）等教师教育资助政策和计划也鼓励教育工作者投身教育事业（Cochran - Smith & Lytle，1990）。可以说，美国关于 21 世纪教育和教学的构思和实践，有利于提高教师队伍整体水平，缓解紧缺学科教师不足的困境，形成教师进行行动研究的推动力。

在美国之外的其他发达国家，鼓励教师和其他教育从业者通过实践研究进行职业发展是当下的普遍策略，关于职业化持续发展的许多项目都是倡导实践探索。比如英国就有不少推动措施：英国政府也资助教师研究（Campbell，2003），教育技能部设立“最优实践研究奖学金”，教师总会推行“教师研究项目”，高等教育学院发放“教师奖学金”，国家研究与发展中心则设有“实践领引研究促进项目”（Pilkington，2009：154）；在苏格兰，研究是教师职业标准框架中的基本因素，也是渴望得到规定教师身份的人的努力目标，是教师留任的职业道路选项，这些人一定都要展示阅读与研究影响着其教育实践（Kirkwood & Christie，2006）。而且，英国将教师的培训从职前、入职延伸到在职期间，在教学实践中使教师的专业成长成为一个连续不间断的过程（Harrison，2001：227 - 279）。

日本在不断推进职前教育与职后进修的一体化进程中，将教师职前培养阶段的一次性教育实习分散到大学四年之中进行，使职前教育与在职的教育实践紧密连接，教师的在职培训课程主要根据教师教授的学科，“围绕教师和学校的实际问题”开设培训课程（薛赛男，2006：30 - 31）。

发达国家与教师行动研究相关的文件政策和实践当然是基于对学生培

养的希冀，“越来越多的证据持续表明我们的学校没准备好把学生培养成有效的世界公民”（Johnstone，1994：170），有相对统一的高校体制的政府，如澳大利亚、德国、新西兰、西班牙、瑞士、英国，纷纷推出报告和计划号召培养出具有高端思考技能的毕业生，以及上班的通用能力，对教师也就有了相应的要求（kember，Leung，Ma，2007：610），所以发达国家把教师的发展和教师的科研提到一定的高度。

教师发展的宏伟目标在于：重塑教师教学职业角色的目标，从国家角度来思考如何重新设计教育体系以吸引、培养、支持、稳定和奖励优秀教师，使教师能有效地指导学生的学习，发挥教师职业蕴含的力量，让教师自己和学校、国家一起共同承担起教师成长和职业发展的责任。关于教师发展并没有放之四海而皆准的唯一方法，从以往的经验看，“合作性行动研究”可以成为众多有效方法中的一种。发达国家的做法说明以实践为导向的“合作性行动研究”符合世界潮流。

二、国家鼓励外语教师进行合作性行动研究的价值和方向

发达国家的做法启发我们中国也要鼓励外语教师进行合作性行动研究，在中国鼓励外语教师进行合作性行动研究的价值至少在于国家发展战略和外语教学两个方面。

其一，外语教师的合作性行动研究有利于人才培养、文化传播的国家发展战略的实施。在全球化时代，学生学习外语的要求不再单一，外语教师做好自己的研究，形成知识的深度和广度，掌握有效的、可行的方法，才能“帮助学生了解中外不同的世界观、价值观、思维方式等方面的差异，培养学牛的跨文化意识，提高学生的社会语言能力和跨文化交际能力”（王守仁，2016：6），把其培养成具有国际视野、跨文化沟通能力的新型人才。同时，外语教师有助于对外“讲好中国故事”战略的成功实施，培养出学生良好的语言能力和文化素养才能让年轻人发挥语言的力量去说服他人，传播中国文化。

其二，外语教师的合作性行动研究的实用价值还在于，教师通过实际研究，有助于在中国推动教学方法的相对性、针对性、综合性和多样性，

实现《教学指南》所指出的要求，即“大学英语教学应遵循外语学习规律，根据教学内容的特点，充分考虑学生个体差异和学习风格，运用合适、有效的教学方法。教学方法的选择使用要体现灵活性与适应性，目的是改进教学效果，提高学习效率”（转引自王守仁，2016：8）。不然，一个故步自封、随意而为的外语教师很难有针对性地改善教学的方法，而一个不在意针对性的外语教师群体，最后在全国范围内就没有外语教学的相对性、综合性和多样性可言。

无论是西方发达国家的促进合作性行动研究的做法，还是国家推动“外语教师行动研究”的价值，都又指向另一个问题，就是如何从国家层面上积极推动外语教师进行合作性行动研究。或许，针对外语教师的实际情况，国家应该从以下方面推动外语教师的合作性行动研究工作。

首先，应强化国家对教师合作性行动研究的导向作用。教师教育改革涉及政府、高等教育机构领导人、教师联合会、学区、学校等群体，而所涉及各方中，政府，特别有相对统一的高校体制的政府，对教师发展的导向性无疑最强烈。从前述几个例子可以看出，发达国家的政府多通过立法、教育拨款等方式加强对教师教育的干预和调节，从而改变教师在教育改革中的角色和作用。我们国家一直都有举国重视教育的传统，政府层面上的政策的推行和导向功能一直很强，只要国家对教师合作性行动研究进行引导，定然有望取得良好的效果。

其次，应为培养教师研究能力和促进其职业发展搭建平台，促进新手型教师走向专家型教师，最好为这个目标形成“有系统”的进行合作性行动研究的鼓励和引导计划。教师的培养不是一蹴而就的，进行合作性行动研究也不能“三天打鱼，两天晒网”，必须为教师创设更好的职业阶梯（实习教师、新手教师、专业教师等）。从上面美国《通过临床实践转变教师教育模式：国家优秀教师培养策略》对“临床实践”的强调和在职教师的培训的重视我们得出一个很好的启示，我们也可以建立临床实践基地，加强指导教师培养和制定教育实习指导手册，完善教师培养质量的监督机制、评价体系和资格认证体系，建立区域和校际间联盟，发展合作伙伴关系，把教师培养成反思型实践者。

再次，重塑外语教师职业形象，以提高教师社会地位，从“社会氛围”上让教师们感受到努力进行合作性行动研究的必要。教师的职业自有其辛苦之处，教师的职业形象有的就是基于这种“辛苦”的基础，比如把教师比作蜡烛、园丁；教师的职业作用为教育，所以教师也被誉为“人类灵魂的工程师”“学海的灯塔”之类。时代变迁，教师的职业形象也需要重新塑造，国家可以从预算中拨出资金，提出鼓励教师职业发展的方案，不仅致力于提升教师职业在中国的地位，让教师职业更受人尊敬，而且让教师变为创新的领导者、实践教学的高手。

最后，从国家角度来思考如何重新设计外语教师的职业标准和评估体系，以吸引、培养、支持、稳定进行合作性实践教学的教师，使其能有效地指导课堂内外学生的学习，而且让学区、学校、校长都来支持教师的合作性实践活动，让学生的家长也支持、配合教师的工作，从而让教师不仅有意愿，而且有资源、有保障地进行合作性行动研究。

三、国家层面上“外语教师行动研究”的前景评估

由于我国政府越来越重视教学实践，在新技术条件下国家对“教师行动研究”的培训更为便利，外语教师的教学实践事关未来大事，“外语教师行动研究”在国家层面上看会有广阔的前景。

其一，我国政府对教学实践的重视可以从教育改革方略看出来，这预示了外语教师行动研究符合当前形势。2011 年《教师教育课程标准（试行)》提出，国家教师教育课程要在观念与体制上有所突破，以实现国家教师教育培养的目标——从“教书匠”的训练转向“教育家”的成长。为克服“理论与实践相脱离、终结性教育实习或者说一次性教育实习方式、教育实习普遍时间短暂、教育实习评价方式单一等”弊端，近年来，我国师范院校对教师培养模式进行了许多尝试，如北京师范大学“4 +2”教育学硕士学位研究生教师教育模式、华东师范大学“4 +2 +1”最高学历教师教育模式、东北师范大学“4 +2”教育学硕士研究生教师教育模式、上海师范大学“3 +3”教师教育模式等都体现了我国培养研究型、高学历教师的价值取向。此外，本科层次的教师教育也开发了新的教师教育模式（高燕

林、梁婷婷：148－149）。

此类改革指向教师在教学实践中解决问题的能力，而解决教学中的问题正是“行动研究”的要义。

其二，当国家有心推进教师的教学实践的能力，新技术条件又为“教师行动研究”培训提供了便利时，“行动研究”在国家的倡导下完全可以全面展开。新技术主要是指远程、共时的网络条件，这个技术美国在20世纪90年代就开始推广，其中影响较大的有TAPPED IN计划，WIDE World（教育者大规模合作发展计划）和ILF（研究学习论坛），它们都是联合高校或依托具体的项目进行开发和运营网络平台，通过在线工具、社区活动、资源分享、同行交流提供给学习者有效的、以教师为中心的学习活动（Podgursky，Springer，Hutton，2010：495－503）。我国以各种出版社为主导的教师研修平台有在线服务，而且微信群等方式也可以让进行合作性行动研究的教师有更好的互动，得到更多的帮助，从而将来在行动研究上走得更好更远。

其三，外语教师的教学实践事关未来大事，国家重视，所以外语教师的合作性行动研究必然有好的前景。今天学习外语，除了培养语言技能的目的，还要帮助学生学习使用外语传播中国思想、学术和文化，开拓世界市场。比如《大学英语教学指南》就从国家战略需求层面强调英语的重要性：“通过学习和使用英语，可以直接了解国外前沿的科技进展、管理经验和思想理念，学习和了解世界优秀的文化和文明，同时也有助于增强国家语言实力，传播中华文化，促进与各国人民的广泛交往，提升国家软实力。”（转引自王守仁，2016：4）而提高外语学习的层次的同时，外语教师的教学水平和研究能力也需要提升，过去十几年来，已经有不少研究证明了教师对自己实践的信念都足以影响到学生（Beijaard et al，2005；Day et al，2006；Korthagen，2004；Meijer，Korthagen，and Vasalos，2009；Rodgers and Raider－Roth，2006；Sammons et al，2007）。可以说，外语教师自身发展了，才能避免教学上的固化、封闭的状态，从而追求一定的灵活性和开放性，设计出丰富多样、各具特色的课堂时空，对出现的多层次、多类别、个性化的教学问题寻求解决方案，而合作性行动研究是一种可以倡导的解决问题的路径。

没有一种方法是万能的，外语教师的合作性行动研究也是有所能有所不能的。我们不能期待行动研究能解决所有的事情，我们知道，外语教师的合作性行动研究不是教师教育的形式，不会对学校那些复杂的长期问题产生快速的解决之道，也不能提升教师经常不得不承受的不尽如人意的工作环境。我们社会的失职，不能为所有学生的成功教育提供必要的社会前提条件，教师研究也不能弥补……在这个教育问责和教育标准化的时代，教师做的研究并不能成为决策人和行政管理者可以运用的工具，借之给教师的实践强加些外在的变化……然而，组织起来，支持起来……它就能成为一种职业发展经验，对教师和学生都有显著的影响……它会变成一种对老师来说极其重要的让人发生巨变的职业发展经验（Zeichner，2003：320－321）。

但是，合作性行动研究是民主参与的方法，为致力于教育发展的自我反思、批判性社区的观念提供了形式和内容（Carr andKemmis，1986：5），合作性行动不仅是教师个体的转换，有望带来更为系统的变化，尽管得经过一定的时间段才能看到系统的明显变化，毕竟从个体的实践者，到与其他实践者进行对话的“合作性行动研究”，再到越来越多的合作性研究成果来改变学习和教学非一日之功。我们相信，老师组成富有自我批判精神的合作性行动研究教学团队，会促进教学变革，而教育的改变必然能在某些方面影响到社会的变革。

参考文献

一、英文文献

[1] Adelman, C. Kurt Lewin and the origins of action research [J]. Educational action research, 1993 (1): 7 -24.

[2] Aitchison, Jean. Words in the Mind: An Introduction to the Mental Lexicon [M]. Oxford and New York: Basil Blamwell, 1994: 85 -91.

[3] Allen, L. , & Calhoun, E. F. Schoolwide action research: Findings from six years of study [J]. The Phi Delta Kappan, 1998, 79 (9), 706 -710.

[4] Anderson, G. L. , Herr, K. , &Nihlen, A. S. (Eds.). Studying your own school: An educator's guide to practitioner action research [M]. Thousand Oaks, CA: Corwin Press, 2007.

[5] Apple, Michael W. Official Knowledge: Democratic Education in a Conservative Age [M]. New York: Routledge, 1993.

[6] Argyris, C. Kurt Lewin Award Lecture, 1997 Field theory as a basis for scholarly consulting [J]. Journal of Social Issues, 1997, 53 (4), 811 -827.

[7] Argyris, C. , & Schon, D. A. Theory in practice: Increasing professional effectiveness [M]. San Francisco: Jossey - Bass, 1974.

[8] Armstrong, F. , & Moore, M. (Eds.). Action research for inclusive education: Changing places, changing practices, changing minds [M]. New York: Routledge, 2004.

[9] Atweb, B. , Kemmis S. , and Weeks P.. Action Research in Practice: Partnership for Social Justice in Education [M]. New York: Routledge, 1998.

[10] Aulich, S. T. G. (Chair). Priorities for Reform in Higher Education: A Report. Standing Committee on Employment, Education and Training [R]. Canberra: Austral-

ian Government Publishing Service, 1990.

[11] Australian Chamber of Commerce andIndustary & Business Council of Australian. Employability skills for the future [R]. Canberra: Department of Education. Science and Training, 2002.

[12] Bailey, L. M. Working for Washback: a Review of the Washback Concept in Language Testing [J]. Language Testing, 1996, 13 (3): 259-279.

[13] Bain, G. & P. Thomas, Contextual Differences of Learning Approaches: The Effects of Assessment [J]. Human Learning, 1984, 3 (4): 227-240.

[14] Baldau, F. W. Intergroup relations and action programs [J]. Journal of Social Issues, 1946, 2 (4): 27-33.

[15] Benson, P. Teaching and Researching Autonomy in Language Learning [M]. London: Longman, 2001.

[16] Benson, P. Learner autonomy in the Classroom [G] // David Nunan. Practical English Language Teaching New York: McGraw, 2003: 289-308.

[17] Berger, J. G., Boles, K. C., &Troen, V. Teacher research and school change: Paradoxes, problems, and possibilities [J]. Teaching and Teacher Education, 2005, 21 (1): 93-105.

[18] Bergmann, J., &Sams, A. Flip your classroom: Reach every student in every class every day [R]. International Society for Technology in Education, 2012.

[19] Biggs, J. What the student does: Teaching for enhanced learning [J]. Higher education research & development, 1999, 18 (1): 57-75.

[20] Blair, John G. &Jerusha Hull McCormack. Western Civilization with Chinese Comparisons [M]. Shanghai: Fudan University, 2006.

[21] Bradford, L. P. Biography of an institution [J]. The Journal of Applied Behavioral Science, 1967, 3 (2): 127-143.

[22] Brodie, K. Teacher intervention in small-group work [J]. For the Learning of Mathematics, 2000, 20 (1): 9-16.

[23] Brookfield, S. The contribution of Eduard Lindeman to the development of theory and philosophy in adult education [J]. Adult Education Quarterly, 1984, 34 (4): 185-196.

[24] Browne, M. W., &Cudeck, R. Alternative ways of assessing model fit [J]. Testing

Structural Equation Models, 1993, 21 (2): 230 - 258.

[25] Burns, A. Collaborative Action Research for English Language Teachers [M]. Cambridge: Cambridge University Press, 1999.

[26] Campbell, A. Teachers' research and professional development in England: Some questions, issues and concerns [J]. Journal of In - service Education, 2003, 29 (3): 375 - 388.

[27] Carr, W. & Kemmis, S. Action research in education [G]. Controversies in classroom research. Ed. M. Hammersley. Buckingham: Open University Press, 1993: 235 - 245.

[28] Carr, W. and Kemmis, S. Becoming Critical: Education, Knowledge and Action Research [M]. London: Routledge, 1986.

[29] Cochran - Smith, M., &Lytle, S. L. Inside Outside: Teacher Researcher and Knowledge [M]. New York: Teachers College Press, 1993.

[30] Cochran - Smith, M., &Lytle, S. L. Research on teaching and teacher research: The issues that divide [J]. Educational researcher, 1990, 19 (2): 2 - 11.

[31] Collis, B., &Moonen, J. Web 2.0 tools and processes in higher education: Quality perspectives [J]. Educational Media International, 2008, 45 (2): 93 - 106.

[32] Confederation of British Industry. 2000. In search of quality in schools: the employee's perspective. Confederation of British Industry [OL]. http: // www. cbi. org. uk/ home. html. 2004 - 10 - 23.

[33] Conference Board of Canada. 2000. Employability skills 2000 + [OL]. Connference Board of Canada. http: //www. conferenceboard. ca/education/learning - tools/pdfs/ esp2000. pdf, 2004 - 10 - 23.

[34] Csikszentmihalyi, M. Flow: The psychology of optimal performance [M]. NY: Cambridge University Press, 1990.

[35] Daly, W. T. Teaching and scholarship: Adapting American higher education to hard times [J]. The Journal of Higher Education, 1994, 65 (1): 45 - 57.

[36] Dam, L. Learner Autonomy 3: From Theory to Classroom Practice [M]. Dublin: Authentic, 1995.

[37] Day, C., & Gu, Q. The new lives of teachers [M]. New York: Routledge, 2010.

[38] Day, C., Kington, A., Stobart, G., & Sammons, P. The personal and profession-

al selves of teachers: stable and unstable identities [J]. British educational research journal, 2006, 32 (4): 601 -616.

[39] De LaHarpe, B., Radloff, A., & Wyber, J. Quality and generic (professional) skills [J]. Quality in Higher Education, 2000, 6 (3): 231 -243.

[40] Dekker, R., &Elshout - Mohr, M. Teacher interventions aimed at mathematical level raising during collaborative learning [J]. Educational studies in mathematics, 2004, 56 (1): 39 -65.

[41] de Sousa, R. Twelve varieties of subjectivity: Dividing in hopes of conquest [OL]. Paper presented at the International Cognitive Science Society meeting, San Sebastian, Spain. http: //www. chass. utoronto. ca/ ~sousa/subjectivity. html. 2002.

[42] Dewey, J. How We Think [M]. Boston: D. C. Heath & Co, 1910.

[43] Dewey, J. Logic: the Theoryoflnquiry [M]. New York: Henry Holt and C, 1938.

[44] Dickens, L., & Watkins, K. Action research: rethinking Lewin [J]. Management Learning, 1999, 30 (2): 127 -140.

[45] Donald, J. G. Knowledge structures: Methods for exploring course content. The Journal of Higher Education, 1983, 54 (1): 31 -41.

[46] Edwards, A. Researching Pedagogy: A Socio - Cultural Agenda [J]. Pedagogy, Culture and Society, 2001, 9 (2): 161 -186.

[47] Egbert, Joy, David Herman, andHyunGyung Lee. Flipped Instruction in English Language Teacher Education: A Design - Based Study in a Complex, Open - Ended Learning Environment [J]. 2015, 19 (2): 1 -23.

[48] Elliot, J. Action research for educational change [J]. British Educational Research Journal, 1993, 19 (5): 579 -580.

[49] Espey, M. Does space matter? Classroom design and team - based learning [J]. Applied Economic Perspectives and Policy, 2008, 30 (4): 764 -775.

[50] Evans, M., Lomax, P., & Morgan, H. Closing the circle: Action research partnerships towards better learning and teaching in schools [J]. Cambridge Journal of Education, 2000, 30 (3): 405 -419.

[51] Fabillar, Eliza & Cynthia Jones. Interdisciplinary Connections: Teacher and Student Empowerment through Social and Cultural History, Critical Pedagogy, and Collaboration [J]. Radical Teacher, 2002 -2003, (65): 18 -22.

[52] Feinberg, W. Kenneth D. Benne 1908 – 1992 [J]. Proceedings and Addresses of the American Philosophical Association, 1993, 66 (5): 78 – 80.

[53] Feldman, K. A. The superior college teacher from the students' view [J]. Research in Higher Education, 1976, 5 (3): 243 – 288.

[54] Feldman, K. A. Identifying Exemplary Teachers and Teaching: Evidence from Student Ratings1 [G]. The scholarship of teaching and learning in higher education: An evidence – based perspective. Eds. R. P. Perry and J. C. Smart. Dordrecht: Springer Netherlands, 2007: 93 – 143.

[55] Floridi, L. The philosophy of presence: From epistemic failure to successful observation [J]. Presence: Teleoperators and Virtual Environments, 2005, 14 (6): 656 – 667.

[56] Freeman, R. E. Strategic management: A stakeholder perspective [M]. Boston: Pitman, 1984.

[57] Fuentes, S. Quebec. The evolution of one teacher's interventions with students working in groups [G]. Practitioner research: Teachers' investigations in classroom teaching. Eds. M. S. Khine & I. M. Saleh. Hauppauge, NY: Nova Science Publishers, 2011: 81 – 102.

[58] Furlong, J., & Salisbury, J. Best practice research scholarships: An evaluation [J]. Research papers in education, 2005, 20 (1): 45 – 83.

[59] Gitlin, A., Barlow, L., Burbank, M., Kauchak, D. and Stevens, T. Pre – Service Teachers' Thinking on Research: Implications for Inquiry Oriented Teacher Education [J]. Teaching and Teacher Education, 1999, 15 (7): 753 – 769.

[60] Glassman, M., Erdem, G., & Bartholomew, M. Action Research and Its History as an Adult Education Movement for Social Change [J]. Adult Education Quarterly, 2013, 63 (3): 272 – 288.

[61] Guskey, T. R. Evaluating Professional Development [M]. Thousand Oaks, CA: Corwin Press, 2000.

[62] Hamilton, M. Just Do It: Literacies, Everyday Learning and the Irrelevance of Pedagogy [J]. Studies in the Education of Adults, 2006, 38 (2): 125 – 140.

[63] Harrison, Jennifer K. The Induction for Newly Qualified Teachers [J]. Journal of Education for Teaching, 2001, 27 (3): 227 – 279.

[64] Hattie, J., Biggs, J., & Purdie, N. Effects of learning skills interventions on

student learning: A meta – analysis [J]. Review of educational research, 1996, 66 (2): 99 – 136.

[65] Hemmi, A., Bayne, S., & Land, R. The appropriation and repurposing of social technologies in higher education [J]. Journal of Computer Assisted Learning, 2009, 25 (1): 19 – 30.

[66] Henderson, M. V., Hunt, S. N., & Wester, C. Action research: A survey of AACTE – member institutions [J]. Education, 1999, 119 (4): 663.

[67] Holec, H. Autonomy in Foreign Language Learning [M]. Oxford: Pergamon, 1981. (First published 1979, Strasbourg: Council of Europe.)

[68] Hrastinski, S., & Aghaee, N. M. How are campus students using social media to support their studies? An explorative interview study [J]. Education and Information Technologies, 2012, 17 (4): 451 – 464.

[69] Hu, L. T., &Bentler, P. M. Cutoff criteria for fit indexes in covariance structure analysis: Conventional criteria versus new alternatives [J]. Structural equation modeling: a multidisciplinary journal, 1999, 6 (1): 1 – 55.

[70] Huges, A. Testing for Language Teachers [M]. Cambridge: Cambridge University Press, 1989.

[71] Husen, T. ed. The International Encyclopedia of Education, vol. 1 [M]. Oxford: Pergamon Press, 1985.

[72] International Reading Association. Promoting teachers as researchers [J]. Reading Today, 2004, 22 (2): 7.

[73] Jackson, N. Program specification and its role in an outcomes model of learning [J]. Active Learning in Higher Education, 2000, 1 (2): 132 – 151.

[74] Johnstone, D. B. College at work: Partnerships and the rebuilding of American competence [J]. The Journal of Higher Education, 1994, 65 (2): 168 – 182.

[75] Joyce, B., & Calhoun, E. Learning Experiences in School Renewal: An Exploration of Five Successful Programs [DB]. ERIC Clearinghouse on Educational Management, 5207 University of Oregon, Eugene, 1996.

[76] Junco, R., Heiberger, G., & Loken, E. The effect of Twitter on college student engagement and grades [J]. Journal of computer assisted learning, 2011, 27 (2): 119 – 132.

[77] Kahn, W. A. Psychological conditions of personal engagement and disengagement at work [J]. Academy of management journal, 1990, 33 (4): 692 -724.

[78] Kahn, W. A. To be fully there: Psychological presence at work [J]. Human relations, 1992, 45 (4): 321 -349.

[79] Kang, M. J., & Glassman, M. Moral action as social capital, moral thought as cultural capital [J]. Journal of Moral Education, 2010, 39 (1): 21 -36.

[80] Kember, D., & Leung, D. Y. The influence of active learning experiences on the development of graduate capabilities [J]. Studies in Higher Education, 2005, 30 (2): 155 -170.

[81] Kember, D., Leung, D. Y., & Ma, R. S. Characterizing learning environments capable of nurturing generic capabilities in higher education [J]. Research in Higher Education, 2007, 48 (5): 609 -632.

[82] Kemmis, S., & Wilkinson, M. Participatory action research and the study of practice [G]. Action research in practice: Partnerships for social justice in education, Eds. B. Atweh, S. Kemmis, P. Weeks. London: Routledge, 1998: 21 -36.

[83] Kennedy, Paul. The Rise and Fall of the Great Powers: Economic Change and Military Conflict from 1500 to 2000 [M]. New York: Vintage Books, 1989.

[84] Kirkwood, M., & Christie, D. The role of teacher research in continuing professional development [J]. British Journal of Educational Studies, 2006, 54 (4): 429 -448.

[85] Klecker, B. M. Assessing Students in A Graduate Tests and Measure - ment Course: Changing The Classroom Climate [J]. College Student Journal, 2000, 34 (1): 155 -161.

[86] Knox, A. B. A Shared Vision for Adult and Continuing Education [J]. Adult Education Quarterly, 2002, 52 (4): 328 -333.

[87] Korthagen, F. A. In search of the essence of a good teacher: Towards a more holistic approach in teacher education [J]. Teaching and teacher education, 2004, 20 (1): 77 -97.

[88] Kraft, N. P. Teacher research as a way to engage in critical reflection: A case study [J]. Reflective practice, 2002, 3 (2): 175 -189.

[89] Leitch, R. and Day, C. Action Research and Reflective Practice: Towards a Holistic View [J]. Educational Action Research, 2000, 8 (1): 179 -193.

[90] Leung, D. Y., &Kember, D. The influence of the part time study experience on the development of generic capabilities [J]. Journal of Further and Higher Education, 2005, 29 (2): 91-101.

[91] Lewin, K. The dynamics of group action [J]. Educational leadership, 1944, 1 (4): 195-200.

[92] Lewin, K. Action research and minority problems [J]. Journal of social issues, 1946, 2 (4): 34-46.

[93] Lewin, K. Frontiers in group dynamics II. Channels of group life; social planning and action research [J]. Human relations, 1947a, 1 (2): 143-153.

[94] Lewin, K. Group decision and social change [G]. Readings in social psychology. Eds. T. M. Newcomb., E. L. Hartley. New York: Henry Holt and Company, 1947b: 330-344.

[95] Lewin, K. & Lippitt R. An experimental approach to the study of autocracy and democracy: A preliminary note [J]. Sociometry, 1938, 1 (3/4): 292-300.

[96] Lewis, Michael. Implementing the Lexical Approach: Putting Theory into Practice [M]. Cambridge: Cambridge University Press, 1997.

[97] Lippitt, R., & Radke, M. New trends in the investigation of prejudice [J]. The Annals of the American Academy of Political and Social Science, 1946, 244 (1): 167-176.

[98] Lippitt, R., & Radke, M. The small group and participatory democracy: Comment on Graebner [J]. Journal of social issues, 1986, 42 (1): 155-156.

[99] Longworth, N., & Davies, W. K. Lifelong Learning: New Vision, New Implications, New Roles for People, Organizations, Nations and Communities in the 21st Century [M]. London: Kogan Page Limited, 1996.

[100] Loughran, L. Being a teacher educator [G]. Teacher educators as members of an evolving profession. Ed. M. Ben-Peretz. Plymouth, UK: Rowman & Littlefield Education, 2012: 9-24.

[101] Lyle, S. An investigation into the impact of a continuing professional development programme to support teachers as researchers in South Wales [J]. Journal of In-Service Education, 2003, 29 (2): 295-314.

[102] MacNiff, J. Action research: principles and practice [M]. London: Macmillan Ed-

ucation, 1988.

[103] Marrow, A. J. Events leading to the establishment of the National Training Laboratories [J]. The Journal of Applied Behavioral Science, 1967, 3 (2): 144 - 150.

[104] Marsh, H. W. Students' evaluations of university teaching: Research findings, methodological issues, and directions for future research [J]. International journal of educational research, 1987, 11 (3): 253 - 388.

[105] Mazman, S. G., & Usluel, Y. K. Modeling educational usage of Facebook [J]. Computers & Education, 2010, 55 (2): 444 - 453.

[106] McBee, M. T. The classroom as laboratory: An exploration of teacher research [J]. Roeper Review, 2004, 27 (1): 52 - 58.

[107] McGoldrick, K. M. Using cooperative learning exercises in economics [G]. International Handbook on Teaching and Learning Economics. Eds. G. M. Hoyt, & K. M. McGoldrick. Cheltenham: Edward Elgar Publishing, 2012: 57 - 67.

[108] McKernan, J. Curriculum Action Research: A Handbook of Methods and Resources for the Reflective Practitioner [M]. London: Kogan Page Limited, 1996.

[109] McTaggart, R. Principles for participatory action research [J]. Adult Education Quarterly, 1991, 41 (3): 168 - 187.

[110] Mead, G. H. Mind, self and society (Vol. 111) [M]. Chicago: University of Chicago Press, 1934.

[111] Meijer, P. C., Korthagen, F. A., & Vasalos, A. Supporting presence in teacher education: The connection between the personal and professional aspects of teaching [J]. Teaching and Teacher Education, 2009, 25 (2): 297 - 308.

[112] Meijer, P. C., Morine - Dershimer, G., & Tillema, H. Eds. Trends and Themes in Teachers' Working and Learning Environment [M]. Dordrecht: Springer Netherlands, 2005.

[113] Meyer, K. A. A comparison of Web 2.0 tools in a doctoral course [J]. The internet and higher education, 2010, 13 (4): 226 - 232.

[114] Mezirow, J. How critical reflection triggers transformative learning. Fostering critical reflection in adulthood [OL]. Retrieved from https://scholar.google.com.hk/scholar?q=Meziro+1990&btnG=&hl=zh-CN&as_sdt=0%2C21. PDF. 1990.

[115] Mezirow, J. Learning to Think Like an Adult: Core Concepts of Transformation Theo-

ry [G]. Learning as Transformation: Critical Perspectives on a Theory in Progress. Eds. J. Mezirow and Associates. San Francisco: Jossey – Bass, 2000.

[116] Michaelsen, L. K., Knight, A. B., & Fink, L. D. Eds. Team – based learning: A transformative use of small groups [M]. Westport, CT: Greenwood publishing group, 2002: 77 – 98.

[117] Mills, G. E. Action Research: A Guide for the Teacher Researcher [M]. Englewood Cliffs, New Jersey: Prentice – Hall, Inc, 2000.

[118] Miles, M. B., & Huberman, A. M. Qualitative data analysis: An expanded sourcebook [M]. Thousand Oaks, CA: Sage publications, 1994.

[119] NCATE. Transforming Teacher Education through Clinical Practice: A National Strategy to Prepare Effective Teachers [S]. Washington, D. C.: National Council for Accreditation of Teacher Education, 2010.

[120] NCLB. The Elementary and Secondary Education Act (The No Child Left Behind Act of 2001) [OL]. http://www2.ed.gov/policy/elsec/leg/esea02/index.html. 2001.

[121] Needham, Joseph. Science and Civilization In China [M]. New York: Cambrige University Press, 1974. Reprinted 1985, 1990, 1997.

[122] Network, Collaborative Democracy. A call to scholars from the Collaborative Democracy Network [J]. National Civic Review, 2005, 94 (3): 64 – 67.

[123] Noble, Thomas F. X. & Barry Strauss, Duane J. Osheim. Western Civilization: Beyond Boundaries, Since 1560 [M]. Boston, Massachusetts: Cengage Learning, 2010.

[124] OFOT. Our Future, Our Teachers: The Obama Administration's Plan for Teacher Education Reform and Improvement [OL]. U. S. Department of Education. http://www.ed.gov/teaching/our – future – our – teachers. 2011.

[125] Oja, S. N., & L. Smulyan. Collaborative Action Research: A Developmental Approach [M]. London: Falmer Press, 1989.

[126] Olsen, M. W. Teachers who question are teachers who learn [J]. Reading Psychology, 1990 (11): 277 – 282.

[127] O'Neil, H. F., Allred, K., & Baker, E. L. Workforce readiness: Competencies and assessment [M]. Matwah, NJ: Lawrence Erlbaum Associates, 1997.

[128] Pilkington, R. M. Practitioner research in education: the critical perspectives of doc-

toral students [J]. Studies in the Education of Adults, 2009, 41 (2): 154 – 174.

[129] Podgursky, M. & M. G. Springer, & R. Hutton. Teacher Training and Preparation in the United States [G]. 3rd Ed. International Encyclopaedia of Education, 2010: 495 – 503.

[130] Price, J. N., & L. Valli. Preservice Teachers Becoming Agents of Change Pedagogical Implications for Action Research [J]. Journal of teacher education, 2005, 56 (1): 57 – 72.

[131] Ramsden, P. Improving teaching and learning in higher education: The case for a relational perspective [J]. Studies in Higher Education, 1987, 12 (3): 275 – 286.

[132] Ray, P. H., & Anderson, S. R. The culturalcreatives: How 50 million people are changing the world [M]. New York: Three Rivers Press, 2000.

[133] Reis – Jorge, J. M. Developing teachers' knowledge and skills as researchers: A conceptual framework [J]. Asia - Pacific Journal of Teacher Education, 2005, 33 (3): 303 – 319.

[134] RESPECT: Recognizing Educational Success, Professional Excellence and Collaborative Teaching. "Launching Project RESPECT – ED. gov Blog" (OL). http://blog. ed. gov/2012/02/launching – project – respect/. 2012.

[135] Richards, M., &Anne Elliott, Vera Woloshyn eds. Collaboration uncovered: The forgotten, the assumed, and the unexamined in collaborative education [M]. Westport, Connecticu: Greenwood Press, 2001.

[136] Roberson, B., & Franchini, B. Effective Task Design for the TBL Classroom [J]. Journal on Excellence in College Teaching, 2014, 25 (3&4), 275 – 302.

[137] Rodgers, C. R. Freedom to learn: a view of what education might become [M]. Columbus, Ohio: C. E. Merrill Pub. Co, 1969.

[138] Rodgers, C. R., & Raider - Roth, M. B. Presence in teaching [J]. Teachers and Teaching: theory and practice, 2006, 12 (3): 265 – 287.

[139] Ruthven, K. Improving the development and warranting of good practice in teaching [J]. Cambridge Journal of Education, 2005, 35 (3): 407 – 426.

[140] Sagor, R. How to Conduct Collaborative Action Research [M]. Alexandria, VA: Association for Supervision and Curriculum Development, 1992.

[141] Said, Edward. Orientalism [M]. New York: Vintage Books, 1979.

[142] Sammons, P. & Day, C., Kington, A., Gu, Q., Stobart, G., & Smees, R. Exploring variations in teachers' work, lives and their effects on pupils: key findings and implications from a longitudinal mixed - method study [J]. British educational research journal, 2007, 33 (5): 681 -701.

[143] Schmitt, N. Uses and abuses of coefficient alpha [J]. Psychological assessment, 1996, 8 (4): 350 -353.

[144] Shohamy, E. Test Impact Revisited: Washback Effect Overtime [J]. Language Testing, 1996, 13 (3): 298 -317.

[145] Smith, G. A. First - day questions for the learner - centered classroom [J]. The National Teaching and Learning Forum, 2008, 17 (5): 1 -4.

[146] Somekh, B., & Zeichner, K. Action research for educational reform: Remodelling action research theories and practices in local contexts [J]. Educational action research, 2009, 17 (1): 5 -21.

[147] Standerfer, S. L. Learning from the national board for professional teacher certification (NBPTS) in music [J]. Bulletin of the Council for Research in Music Education, 2008, 28 (176): 77 -88.

[148] Strayer, J. F. The effects of the classroom flip on the learning environment: A comparison of learning activity in a traditional classroom and a flip classroom that used an intelligent tutoring system [D]. Doctoral dissertation, The Ohio State University, 2007.

[149] Trist, E. Guilty of enthusiasm [G]. Management laureates: A collection of autobiographical essays. vol. 3. Ed. A. G. Bedeian. Greenwich, CT: JAI Press, Inc, 1993.

[150] Trist, E. L., &Bamforth, K. W. Some social and psychological consequences of the Longwall method [J]. Human relations, 1951, 4 (3): 3 -38.

[151] Wallace, M. J. Action research for teachers [M]. Cambridge, UK: Cambridge university press, 1998.

[152] Ward, B. Do you think of yourself as a teacher - researcher? You should [J]. American Educator, 1984, 8 (3): 38 -41.

[153] Watkins, K., & Wilson, J. Chris Argyris: The reluctant adult educator [G]. Twentieth century thinkers in adult and continuing education. Ed. P. Jarvis. London,

England：Routledge，2001：139 –205.

[154] Webb，N. M. Peer interaction and learning in small groups [J]. International journal of Educational research，1989，13 (1)：21 –39.

[155] Webb，N. M.，Farivar，S. H.，& Mastergeorge，A. M. Productive helping in cooperative groups [J]. Theory into practice，2002，41 (1)：13 –20.

[156] Whyte，W. F. Street corner society：the social structure of an Italian slum [M]. Chicago：Chicago University Press，1943.

[157] Whyte，W. F. The social structure of the restaurant [J]. American Journal of Sociology，1949，54 (4)：302 –310.

[158] Whyte，W. F. Participant observer：An autobiography [M]. Ithaca：Cornell University Press，1994.

[159] Yan，L. W. F. Learning out of the classroom：The influence of peer group work on learning outcome [D]. Unpublished Ph. D thesis，Hong Kong Polytechnic University，2001.

[160] Yan，L.，&Kember，D. Avoider and engager approaches by out – of – class groups：The group equivalent to individual learning approaches [J]. Learning and Instruction，2004a，14 (1)：27 –49.

[161] Yan，L.，&Kember，D. Engager and avoider behaviour in types of activities performed by out – of – class learning groups [J]. Higher Education，2004b，48 (4)：419 –438.

[162] Zeichner，K. M. Teacher research as professional development for P – 12 educators in the USA [J]. Educational action research，2003，11 (2)：301 –326.

[163] Zhou，Jun. Problems Teachers Face When Doing Action Research and Finding Possible Solutions：Three Cases [J]. Chinese Education & Society，2012，45 (4)：68 –80.

[164] Zukas，M. Pedagogic Learning in the Pedagogic Workplace：Educators' Lifelong Learning and Learning Futures [J]. International Journal of Pedagogies and learning，2006，2 (3)：70 –80.

二、汉译文献

[1] 阿兰兹，理查德·I. 学会教学 [M]. 上海：华东师范大学出版社，2007.

[2] 巴特勒，约翰，贝内特·希尔，约翰·麦凯. 西方社会史（第一、二、三卷）[M]. 桂林：广西师范大学出版社，2005.

[3] 伯恩斯，安妮. 英语教学中的行动研究方法 [M]. 北京：外语教学与研究出版社，2011.

三、中文文献

[1] 包天仁. 当前我国高等师范外语教师教育的形势和任务 [OL]. http://www.e4in1.com/2005/05-c21/05-12-25-02.html. 2005.

[2] 陈斌. 词汇知识以及认知加工理论对词汇教学的启示 [J]，昆明大学学报（综合版），2005（1）：65-68.

[3] 陈秋仙. 从研究生教育的发展看研究生英语教学改革 [J]，中北大学学报（社会科学版），2005（3）：60-62.

[4] 戴长和，许天英，陈振兴，周静. 行动研究概述 [J]. 教育科学研究，1995（1）：42-46.

[5] 戴长和. 行动研究概述 [J]. 教育科学研究，1995（2）：41-44.

[6] 戴曼纯，张希春. 高校英语教师素质抽样调查 [J]. 解放军外国语学院学报，2004（3）：42-46.

[7] 邓满姣，张沉香. 博士研究生英语听说教学改革 [J]. 湖南科技学院学报，2006（2）：249-251.

[8] 邓晓芒. 中西文化比较十一讲 [M]. 长沙：湖南教育出版社，2007.

[9] 端木赐香. 叩问传统：中国传统文化讲演录 [M]. 福州：福建教育出版社，2009.

[10] 盖淑华. 词汇附带习得实证研究的质量评估 [J]. 外国语言文学（季刊），2004（2）：40-46.

[11] 高艳丽. 浅谈《中国文化概论》课程建设改革 [J]. 中国科教创新导刊，2013（4）：78.

[12] 高燕林，梁婷婷. 21世纪以来美国教师教育政策评析及启示 [J]. 现代教育科学，2016（1）：145-149.

[13] 辜正坤. 中西文化比较导论 [M]. 北京：北京大学出版社，2007.

[14] 韩登亮. 教师阻抗学校变革的理性思考 [J]. 当代教育科学，2011（1）：3-6.

[15] 洪明. 西方教育研究的方法论和转向——行动研究探略 [J]. 国外社会科学，1999（1）：14-19.

[16] 纪卫宁，赵玉君. 对研究生英语教学改革的思考 [J]，安徽工业大学学报（社

会科学版），2007（6）：95－96.

［17］贾绍东．大学英语词汇教学中存在的问题与对策——基于一项非英语专业研究生词汇学习情况的调查［J］，海南大学学报（人文社会科学版），2008（4）：715－720.

［18］景芳．对非英语专业大学生用英语表达中国文化的能力的调查［D］．长春师范大学硕士学位论文，2013.

［19］乐爱国．儒家文化与中国古代科技［M］．北京：中华书局，2002.

［20］李洁，刘孟欣，张凤华．大学英语教师 KASIB 实证研究［J］．外语教学与研究，2007（2）：128－135.

［21］李泽厚．李泽厚哲学美学文选［M］．长沙：湖南人民出版社，1985.

［22］刘良华．行动研究的史与思［D］．华东师范大学博士学位论文，2001.

［23］刘璐．英语讲授《中国文化概论》课学生学习动机及态度研究［D］．华中师范大学硕士学位论文，2013.

［24］刘润清．英语教育研究［M］．北京：外语教学与研究出版社，2004.

［25］刘卫国，把学习的主体性还给学生［J］．数学学习与研究，2016（12）：34.

［26］刘要悟，柴楠．从主体性、主体间性到他者性——教学交往的范式转型［J］．教育研究，2015（2）：102－109.

［27］吕芳．对高校中外合作办学“中国文化概论”课教学的思考［J］．吉林教育，2013（16）：10.

［28］牟宗三，罗义俊．中西哲学之会通十四讲［M］．上海：上海古籍出版社，2008.

［29］彭丹逵．语义网络理论在英语词汇教学中的作用［J］，嘉应大学学报，1996（3）：51－53.

［30］彭金定．实践研究与大学英语教学［J］．外语界，2000（4）：7－11.

［31］彭丽．“公民”与“解放”——批判教育学两个重要主题的研究［J］．比较教育研究，2008（10）：41－45.

［32］濮建忠．英语词汇教学中的类连接、搭配及词块［J］．外语教学与研究，2003（6）：439－440.

［33］钱伟长．大学必须拆除教学与科研之间的高墙［J］．群言，2003（10）：16－20.

［34］曲亮，吴新云．《中国文化概论（英）》课程的“翻转教学”设计和功能［G］．现代外语教学与研究（2016）．北京：中国人民大学出版社，2016.

［35］石坚军．对高校中国文化概论课的几点思考［J］．内蒙古大学学报，2013（1）：

85－88.

［36］宋雪冬．教学行为研究与教师自我发展［J］．外国教育研究，2002（1）：26－29.

［37］孙培青．中国教育史（第3版）［M］．上海：华东师范大学出版社，2009.

［38］田鹏．地方院校非英语专业硕士研究生英语选修课问题探讨［J］．河南职业技术师范学院学报（职业教育版），2008（4）：114－116.

［39］王笃勤．小组合作学习行动研究［J］．国外外语教学，2004（1）：14－19.

［40］王蔷．英语教师行动研究［M］．北京：外语教学与研究出版社，2002.

［41］王守仁．《大学英语教学指南》要点解读［J］．外语界，2016（3）：2－10.

［42］王焱．批判性教学法在中国文化课程中的应用［J］．广东外语外贸大学学报，2010（1）：100－102.

［43］韦政通．中国文化概论［M］．长沙：岳麓书社，2003.

［44］吴雯．词块理论在商务英语教学中的运用［J］．安徽广播电视大学学报，2009（2）：70－78.

［45］吴晓萍．英语词汇记忆与词汇教学［G］．学术前沿与学科发展．北京：世界知识出版社，2003：407－414.

［46］吴新云，黄振华．论高校外语教师的“合作性行动研究”［J］．中央财经大学学报（增刊），2007：174－177.

［47］吴新云．论《中国文化概论（英）》教学改革的必要性和方向［G］．现代外语教学与研究（2015）．北京：中国人民大学出版社，2015.

［48］夏纪梅．大学英语教师的外语教育观念、知识、能力、科研现状与进修情况调查报告［J］．外语界，2002（5）：35－41.

［49］肖川．从建构主义学习观论学生的主体性发展［J］．教育研究与实验，1998（4）：1－5.

［50］薛赛男．发达国家教师教育课程设置的特点及启示［J］．世界教育信息，2006（10）：30－31.

［51］叶舒宪．中国神话哲学［M］．北京：中国社会科学出版社，1997.

［52］杨丽萍．“大国学”与中华民族文化认知地图的整体建构——基于60本《中国文化概论》编写体例的评介与分析［J］．广西师范大学学报（哲学社会科学版），2014（3）：166－171.

［53］袁贵仁，马克思的人学思想［M］．北京：北京师范大学出版社，1996.

[54] 张波．从灌输语言知识向培养语言应用能力转换——研究生阶段英语教学改革的思考与实践 [J]．中国社会科学院研究生院学报，2006（6）：132－136.
[55] 张岱年，程宜山．中国文化与文化论争 [M]．北京：中国人民大学出版社，1990.
[56] 张岱年，方克立主编．中国文化概论（修订版）[M]．北京：北京师范大学出版社，2004.
[57] 张灏．幽暗意识与民主传统（修订二版）[M]．台北：联经图书公司，1990.
[58] 张兢田．对境外《中国文化》课程讲授内容及方法的几点思考 [G]．第二届汉语国际传播学术研讨会论文集．吴应辉、刘玉屏主编，央青副主编．北京：中央民族大学出版社，2015：141－147.
[59] 张俊梅，霍晓峰，郎咸慧．对研究生英语教学的调查与分析 [J]．北京工业大学学报（社会科学版）（增刊），2005：111－114.
[60] 张隆溪．中西文化研究十论 [M]．上海：复旦大学出版社，2005.
[61] 张敏．关于中国文化史教学改革的思考 [J]．赤峰学院学报（汉文哲学社会科学版），2015（1）：258－260.
[62] 张铭远．黄色文明——中国文化的功能与模式 [M]．上海：上海文艺出版社，1990.
[63] 张秋玲，闫苹．后殖民批判教学法视野中的教师角色分析——以高中语文选修课教师为个案 [J]．教师教育研究，2009（6）：34－40.
[64] 郑春苗．中西文化比较研究 [M]．北京：语言学院出版社，1994.
[65] 郑晓梅，吴娟，黄晓赟．关于教师反映实践能力的思考——行动学习的视角．继续教育，2010（10）：24－26.
[66] 钟启泉．中国基础教育课程改革：问题与行动 [J]．全球教育展望，2004（1）：11－15.
[67] 周耀威．教师行动研究与教师专业发展 [J]．全球教育展望，2002（4）：53－55.

附　录

第二章附录1　“用英语表达中国文化的能力”测试卷

同学们：

你们好，我们现在进行一个用英语表达中国文化的能力测试，希望通过这次测试了解到中财学生（研究生和本科生）用英语理解、表达中国文化的能力。你只需要写明专业、班级，署名与否随意。答案和说法只是研究和教学的参考数据，与你们日常考评无关，希望按照自己的理解作答。谢谢大家的合作和帮助。

专业________　　　　班级________　　　　姓名________

I. Matching（5%）.

1. 天命	(a) The Book of Changes
2. 《论语》	(b) Buddha
3. （诸子）百家	(c) ornamental pillar
4. 《易经》	(d) the seal style of Chinese calligraphy
5. 佛	(e) the Mandate of Heaven
6. 词牌	(f) Zen
7. 华表	(g) Analects of Confucius
8. 篆书	(h) Peony Pavilion
9. 《 牡丹亭》	(i) tune patterns of Ci lyrics
10. 禅	(j) a hundred schools of thought

II. True or False（10%）.

1. (　　) Confucius remarked, "There are three ways of being an unfilial son. The most serious is to have no heir. Shun (舜) married without telling his father for fear of not having an heir. To the gentleman, this is as good as having told his father."

2. (　　) *Sheng*, *Dan*, *Jing* and *Chou*, the role categories of Beijing Opera, were chosen to mean the opposite. *Sheng* in Chinese may mean "strange" or "rare", but the chief male is a character of being seen most. *Dan*, which means "morning" or "masculine", is in contradiction with the feminine nature of the characters. *Jing* means "clean" . In fact, the paintings on their faces make the characters look rather colorful. And *Chou* in Chinese sometime represents the animal "cow", which, in some aspects, is slow and tardy. In contrast, *Chou* characters are usually active and quick.

3. (　　) Black tea, known as "red tea" (*hong cha*) in China, is fully fermented before baking; Wulong Tea represents a variety half way between the green tea and the black tea, it is not fermented and thus is relatively thick in flavor.

4. (　　) Coat of Arms of the People's Republic of China is as follows: five stars above Gate of Heavenly Peace, in Beijing, surrounded by border of ears of grain, withdrapings knotted in center of cogwheel at base. Large star symbolizes mutual progress of four classes (workers, farmers, smallholders, and students), each represented by a small star.

5. (　　) After eating a meal, never leave your chopsticks sticking up in the left-over rice at the bottom of your bowl. This is what people do at shrines when offering a meal to their ancestors' ghosts. Doing it in a restaurant would be a terrible curse on the proprietor.

6. (　　) Civilizations differ from cultures primarily in their extension in time and space. Civilization earns its label by organizing the lives of large numbers of humans over a considerable length of time.

7. (   ) There is no homosexual tradition throughout Chinese history.

8. (   ) Highly disciplined memorization was traditionally the central procedure of traditional Chinese education. As of the Han Dynasty, certain texts were designed as "the classics" which were the focus of memorization and examination on several levels up to the highest; these exams sometimes evaluated by the emperors themselves. Over the centuries, this system produced an extraordinarily unified background for the elite who managed the affairs of the empire.

9. (   ) The idea of listing the ten most serious crimes in traditional China probably originated in the Han Dynasty, though the earliest surviving statement of them comes from Song Code (early to mid 7th century).

10. (   ) With a history of 3000 years, Traditional Chinese Medicine has formed a unique system todiagnose and cure illness. The understanding of the human body is based on the holistic understanding of the universe as described in Daoism. Meanwhile western medicine approaches the human body from an anatomic and biochemical standpoint. It regards us as physical and biochemical beings made of many parts that can be dissected into tiny, independent components, and all internal changes can be expressed by biochemistry equation.

III. Filling Blanks (30%).

The Four Great Inventions are (1) ____________, (2) ____________, (3) ____________, and (4) ____________.

There are some establishedconsensuses in the color of facial make - up in Beijing Opera. For instance, (5) ________ represents courage and loyalty; (6) symbolizesseriousness, uprightness and integrity; and (7) ________ indicates treachery and cruelty.

Full - scale paper money appeared in the (8) ________________ Dynasty (as of 1023 CE) in the form of bank notes of various denominations backed by cash deposit.

Established by Ying Zheng in 221 B. C. E, the first unified Chinese nationalstatewas the Qin Dynasty. Here B. C. E. stands for (9) ____________.

In the Chinese（10）________ calendar，an ordinary year has 12 months（354 or 355days）while a（11）________ year has 13 months（384 or 385 days）.

There are few sights more spectacular than a fleet of boats decorated to look like dragons racing to the finish line，paddlers moving their oars in one fluid motion while the drummer thumps out a steady rhythm. This activity is to celebrate the（12）________ Festival.

Of the three major beverages of the world—tea，coffee and cocoa—，（13）________ is consumed by the largest number of people.

The（14）________ Dynasty first officially opened those trading routes，the ancient Silk Road，which snaked westward to states in central and west Asia.

Hua Tuo，a great Chinese physician in ancient times，created the sport of（15）________ animals to cure illness.

The most famous of the official overseas expeditions during the（16）________ Dynasty were the seven long – distance cruises undertaken between 1405 and 1433. The expeditions led by Zheng He consisted on occasions of hundreds of ships and ten thousand men.

The basic function of money is to facilitate（17）________ by separating the act of selling from the act of buying. Instead of having to barter，people can get money for the value of items they sell. Then at a later time，the money can be exchanged for still other goods.

There are four noble truths of Buddhism：Unsatisfactoriness（苦）means that not only do sentient beings experience physical pain，they also face continual disappointment when the people and things they wish to maintain invariably change；（18）________（集）refers to the origin of all beings' pain，that is，attachment；（19）________（灭）holds that the end of suffering is possible and attainable；and（20）________（道）centers on the means of ending the suffering.

The physical feature of China is characterized by the（21）________ ladder topography which is (22) ________ in the West and (23) ________ in the East. The highest step is formed by the Qinghai – Tibet Plateau at the average height of over 4000 meters; on the second step are large (24) ________ and plateaus, most of which are 1000 ~ 2000 meters high; on the third step, with an average altitude of over 500 meters, are located famous plains such as the Northeast, the North China, and the Middle – Lower Yangtze Plains.

List any three of "the four classic novels" produced in the Ming and Qing dynasties: (25) __________, (26) __________, (27) __________.

(28) ________________ is considered the most famous Tang poet in the United States. Why? Taoism and Zen Buddhism became very popular in America in the 1950s and 1960s, especially among the Beats and the hippies. The above poet and the Beat Generation share a common point in spirit: the primitivism, liberating themselves from social convention.

Chinese belongs to the (29) ________________ family of languages, while English is part of the Indo – European family of languages.

Traditional Chinese legal thinking and practice are presented by a variety of texts from Confucius through the Qing Empire, which illustrate specifically Chinese conceptions such as (30) ________________ to relatives whose degree of kinship is identified by the extent of mourning each requires in case of death.

IV. Finding Chinese Equivalences (15%).

1. There are those who use their minds and there are those who use their muscles. The former rule; the latter are ruled. Those who rule are supported by those who are ruled.

2. If the people have no faith in their rulers, there is no standing for the state.

3. Ruling a big country is like cooking a small fish.

4. Long did I sigh and wipe away my Tears, / To see my People bowed by Griefs and Fears.

5. Learning must never cease…Once I spent an entire day in thought, but it was not as good as a moment of study. Once I stood on tiptoe to gaze into the dis-

tance, but it was not as good as climbing to a high place to get a broad view.

V. Short Answers to Questions (25%).

1. Why can we think that ethnocentrism is the tendency, apparently universal among humankind, to see oneself and one's own kind as central to humanity?

2. What are the aims of the 20th – century movement for language reform in China that has resulted in the most ambitious program of language planning the world has ever seen?

3. Why philosophers and thinkers during the Warring Sates period were particularly concerned with defining human nature? Sum up briefly the opinions of different schools.

4. Gender is the cultural meaning given to the rather limited facts of biology. How can you illustrate that throughout history Chinese women tended to be subordinated?

5. What are the stresses of "filial piety" in Confucianism?

VI. Write an essay of more than 300 Words on any topicconcerning traditional Chinese Culture (15%).

第二章附录2 《中国文化概论（英）》“课程现状” 调查

同学们：

你们好，感谢你们选修了《中国文化概论（英）》课程，我们想对课程的学习效果进行调研，以便改进将来的教学，请你们按照自己的真实情况作答，无记名，答案和说法只是研究和教学的参考数据，对你们的考评分数没有任何影响。谢谢大家的合作和帮助。

专业________ 年级________

一、选课动机	非常反对	反对	不好说	同意	非常同意
1. 对内容有兴趣，要深化对中国文化的了解	1	2	3	4	5
2. 提高跨文化交际能力，和外国人交流时有谈资	1	2	3	4	5
3. 学会中国文化词汇的英文表达	1	2	3	4	5
4. 出国时或许用得上，可以去进行对外汉语教学	1	2	3	4	5
5. 这门课应该好通过，作为中国人毕竟熟悉中国文化	1	2	3	4	5
6. 能用英语谈论中国文化会增加我的成就感	1	2	3	4	5
7. 听说授课老师水平不错	1	2	3	4	5
8. 学分不够，选课来凑	1	2	3	4	5
9. 跟风来的，同学们选我也选	1	2	3	4	5
10. 期待能提升思考能力，在熟悉的现象中发现新东西	1	2	3	4	5
其他					

二、授课评价	非常反对	反对	不好说	同意	非常同意
1. 老师重视课堂讨论，师生互动好	1	2	3	4	5
2. 所探讨的问题深入，有启发	1	2	3	4	5
3. 老师布置作业多，经常检查	1	2	3	4	5
4. 使用学习材料（包括课本）内容陈旧、乏味，无启发性	1	2	3	4	5
5. 对四六级（很少涉及中国文化）考试等没有帮助，所以是浪费时间	1	2	3	4	5
6. 学起来轻松有趣	1	2	3	4	5
7. 有理论的高度	1	2	3	4	5
8. 我很认真听讲、预习和复习	1	2	3	4	5
9. 我喜欢这门课	1	2	3	4	5
10. 我们的测试方式单一	1	2	3	4	5
其他					

三、课程的影响	非常反对	反对	不好说	同意	非常同意
1. 我对中国文化产生了兴趣，以后会更加关注中国文化相关问题	1	2	3	4	5
2. 这门课提升了我用英语表达中国文化相关问题的能力	1	2	3	4	5
3. 这门课提升了我的思辨能力，我变得更加勤于思考，更为敏锐	1	2	3	4	5
4. 我希望学校扩大这门课的受众面，推荐其他专业的同学也来学习	1	2	3	4	5
5. 我想以后致力于中国典籍的英译，或研究或做翻译	1	2	3	4	5
6. 影响是无形的，潜移默化我的价值观	1	2	3	4	5
7. 我更关注文化的对比研究	1	2	3	4	5
8. 我的心态更开放和宽容	1	2	3	4	5
9. 希望其他的课程也能这样启发人思考	1	2	3	4	5
10. 希望自己不断积累学养，成为学者样的人	1	2	3	4	5
其他					

第四章附录1 《中国文化概论（英）》“词汇教学效果”问卷

同学们：

你们好！《中国文化概论（英）》授课中涉及中文词汇的英语表达，词汇教学是专题表达的基础，我们希望知道词汇教学的效果如何，以便改进教学，巩固良好的教学方法和策略，改进所有不足之处，满足学生的未来需求。请同学们认真对待问卷，对所列各项进行打分，并陈述你学词汇的感受，谢谢！

调查内容	非常反对	反对	不好说	同意	非常同意	感受陈述
课程中文化词汇量足够大，可以让我应对中国文化的英语表达	1	2	3	4	5	
课程各专题中的词汇有一定的关联性和累积关系	1	2	3	4	5	
词汇教学策略一：从认知科学角度词汇的讲解与旧知识联系越多越密切，记忆效果就越好。我记得 dehumanization，metaphysical，a possessed man 的讲解	1	2	3	4	5	
词汇教学策略二：从文体学的角度的讲解能深化我对词汇的辨析能力，尤其是对近义词的理解。我记得如何区分 reign 与 dynasty 的差异，government 和 administration 用法，social problems 和 social issues 不同	1	2	3	4	5	
词汇教学策略三：从词块理论的角度能深化我“猜词”的能力，课堂上的“成语俗语英译”环节，深化了我对中西文化差异的理解。我记得 as poor as a church mouse，scare the devil out of sb，a cat on hot bricks，A dead mouse feels no cold 等的中文对应词	1	2	3	4	5	

续表

调查内容	非常反对	反对	不好说	同意	非常同意	感受陈述
词汇教学策略四：从附带习得理论的角度增强我们对词汇的实际运用能力，我从老师提供中国典籍英译等外语学习的材料、网站等中积累了词汇的知识，记得《红楼梦》等英译本对颜色、人名、专有名词的翻译等	1	2	3	4	5	
我希望学习到更多文化词汇，希望获得更多的指导和资料	1	2	3	4	5	

第四章附录2 《中国文化概论（英）》“能力培养”问卷

同学们：

你们好！《中国文化概论（英）》这门课程不仅教授中国文化的相关知识，也尽力在教学中培养学生的各种能力。下面问卷中我们就培养能力的要素进行了列表，并陈述了培养能力的各种方法。

请您选择对下列陈述的态度，从1~5分为我们能力培养的成效进行打分，分值的含义如下：1. 非常反对 2. 反对 3. 不好说 4. 同意 5. 非常同意。我们调查的目标是为了更好改进教学。

如果能在问卷之下的空白处写下你的希望，对我们的帮助更大。感谢你的配合！

教与学环境	积极主动的学习	1. 我们的教师运用了各种不同的教学方法	1	2	3	4	5
		2. 学生得到参与课堂的机会	1	2	3	4	5
	以理解为目标的教学	3. 教师尽力要我们理解课程材料	1	2	3	4	5
		4. 教师的课堂设计的目标在于让学生达成对课程内容的理解	1	2	3	4	5
	辅助教学的回馈	5. 我做作业有困难时，我发现教师给的反馈有用	1	2	3	4	5
		6. 在活动和布置任务方面有足够的回馈来确保我们从所做工作中学到东西	1	2	3	4	5
		7. 我对所布置任务有犹疑时，教师帮我理解如何完成任务	1	2	3	4	5
	评估	8. 科目用了各种不同的评估方法	1	2	3	4	5
		9. 为了获得好评你需要很好的分析技能	1	2	3	4	5
		10. 对科目的评估来说，重要的是你培养出了自学的能力	1	2	3	4	5

续表

教与学环境	课程内部的联系性	11. 我能看出课程的专题如何彼此关联，是很好的统一体	1	2	3	4	5
		12. 我觉得各专题内部的逻辑性很好	1	2	3	4	5
		13. 各专题相配套的阅读资料深化了对专题的理解	1	2	3	4	5
		14. 我希望各专题的配套资料更多些	1	2	3	4	5
	教师—学生的互动	15. 教师和学生间关系密切	1	2	3	4	5
		16. 员工和学生之间的交流很好	1	2	3	4	5
	教师的协助	17. 我对课程内容有困难时，可从教师那里获得帮助	1	2	3	4	5
		18. 当我理解课程内容有困难时，我觉得教师很有帮助	1	2	3	4	5
	与其他学生的关系	19. 我有属于班级团体的强烈归属感	1	2	3	4	5
		20. 我的班级团体培养出一种强烈的协同工作感	1	2	3	4	5
	合作性学习	21. 我经常和其他同学在课外讨论课程中的观点	1	2	3	4	5
		22. 我发现课外与其他同学讨论课程资料帮助我理解了学习资料	1	2	3	4	5
能力	批判性思维	23. 通过《中国文化概论（英）》的学习，对相反视角我有能力进行有效判断	1	2	3	4	5
		24. 遇到问题，我更愿意思考各种不同观点	1	2	3	4	5
	自我管理学习	25. 我觉得能对自己的学习负责	1	2	3	4	5
		26. 我更有自信有能力进一步求学	1	2	3	4	5
	适应性	27. 在大学期间我学会如何更加适应各种情况	1	2	3	4	5
		28. 我更愿意改变并接受新思想	1	2	3	4	5
	解决问题	29. 我运用所学以系统方法解决问题的能力提高了	1	2	3	4	5
		30. 我能把不同课题所获信息所得思想用来解决问题	1	2	3	4	5

续表

能力	交流技巧	31. 在学习中我发展自己与别人有效交流的能力	1	2	3	4	5
		32. 在大学期间我提升了自己展示表达的技巧	1	2	3	4	5
	人际技巧和团队协作	33. 我学会了如何成为团队或者小组的有效成员	1	2	3	4	5
		34. 与各类人等交往时我感觉自信	1	2	3	4	5

第四章附录3 《中国文化概论（英）》“主体性”访谈表

老师们、同学们：

你们好！本次访谈旨在发现《中国文化概论（英）》授课过程中师、生“主体性”表现情况，从而帮助我们改进教学，提高学习成效，更好地进行教学改革。

本表的框架（主体形态和变量）根据学者 de Sousa（2002）的文章设定，访谈的问题是依照《中国文化概论（英）》的授课实践和教改效果检测需求而定，希望大家对访谈中的问题进行深入思考，如果对某些界定不明白，可以在访谈中直接提问。

多谢您的配合！

形态	变量	访谈问题
视角（Perspective）的主体性	无	你对视角的理解是什么？ 身为中国人的视角是否影响到了你对这个课程的选择，还有对这个课程的设想？学完这门课，你的原有视角是否有大的变化？ 你觉得用什么方法才能表现出自己的视角？
能动性（Agency）的主体性	专门独属（Titualarity）	学习时候你积极参与老师发起的讨论吗？你想自己发起讨论、主导讨论吗？ 学习中有无哪个时候让你觉得自己的行为是独特的，而无人能以我的方式来体验我的行为或选择？ 你希望学习课程过程中对某些东西，比如学习的内容、学习方式等有决定权吗？
	特许准入（Privileged access）	对《中国文化概论（英）》这门课，你喜欢吗？ 这门课是用专题研究框架上的，有没有什么专题触动了你的情感？ 觉得你的特定情感能与小组讨论的人分享吗？分享后你的感觉如何？

续表

<table>
<tr><th>形态</th><th>变量</th><th>访谈问题</th></tr>
<tr><td rowspan="3">能动性（Agency）的主体性</td><td>观点特定（Seeing As）</td><td>你觉得自己的看法有个人特色吗？原因是特定的经历造成的？
你在思维方式上是求同型还是求异型？
你会因为这个更加希望有开放式的讨论，好接触到更多样的观点？</td></tr>
<tr><td>投射（Projection）</td><td>觉得其他人在简单化地归纳出某些特色吗？
你自己会不会特别讨厌或者喜欢传统文化中的某样东西？有没有感情投射的问题？
学习层次上是继承性还是创新性？</td></tr>
<tr><td>固化体验（Incorrigibility of Experience）</td><td>你对该课程中某些专题的内容是否有根深蒂固的想法？
如果觉得老师的说法有问题，会去直接探讨吗？
理想的学习方式是从师型还是自主型？</td></tr>
<tr><td>主体间性（Intersubjectivity）</td><td>无</td><td>你认为老师在师生互动、促进同学互动中做得如何？你希望老师怎样改进？
你认为同学在彼此的互动中做得如何？你希望同学怎样改进？
学习关系上你是独立型还是协作型？</td></tr>
</table>

第五章附录　TBL（团队为基础的学习）效果调查表

同学们：

你们好！在《中国文化概论（英)》开始上课的时候，同学填了表分成几个团队进行学习，现在课程结束，我们想要调查 TBL（团队为基础的学习）效果，以期改进组织学习的策略，在教学改革中取得更大成效。请同学们就相关陈述进行打分，同时思考或者在调查表的空白处写出自己对教学不同阶段中团队为基础的学习的感受，准备参加相应的访谈。

谢谢大家付出宝贵的时间阅读调查表并打分，谢谢大家的配合！

	非常反对	反对	不好说	同意	非常同意
团队为基础的学习法让我更喜欢上课	1	2	3	4	5
团队为基础的学习法有助于让我在课堂上更投入	1	2	3	4	5
团队为基础的学习法让班级变得更小（同学间更亲密）	1	2	3	4	5
团队为基础的学习法让我更加可能对教师的问题有所反应	1	2	3	4	5
将来选课时，同一课程我更愿意选择用团队为基础的学习法上的那门	1	2	3	4	5
我理解老师为什么在这门课上运用团队为基础的学习法	1	2	3	4	5
教师所问的那些与现实生活密切关联的问题对我来说很重要	1	2	3	4	5
团队为基础的学习法让我认识到自己作为团队队员的优势和劣势	1	2	3	4	5
与传统讲座教学相比，我通过团队为基础的学习和训练对所学资料有了更深入的理解	1	2	3	4	5

后　记

2006年“团队科研模式的探索：高校外语教师的合作性行动研究”被批准为高等教育学会自筹经费研究项目（06AIS0670011），这种“肯定”给我们的研究形成了最初的推动力，我们开始在英语传统的课程——听力、阅读、写作——课程方面进行了两年左右的合作性行动研究，后来我身为项目主持人考虑到问题的针对性和研究价值意义，决定集中就《中国文化概论（英）》教改进行合作性行动研究。本课题最初计划三年完成，问题集中研究发现问题、反馈、改进三个方面，但随着研究的深入，我们这个方面的内容进行了几个来回，并且随着诸如慕课、翻转课堂等新的教学形式的介入，我们的研究面也进一步拓宽，研究时间进一步拉长，从开始立项到今天书稿出版，粗算起来我们项目居然历时十年。然而，我们不以为憾：由于科研活动本身的时间要求，培训、成长都需要时间的累积，本课题不以求快为原则，而是希望能在步骤的实施中，看到外语老师科研能力的提高，看到科研、教学齐头并进的良好局面，所以课题的进度尽管缓慢，我们还是深以为时间带来收获，有其必然性和必要性。

合作性行动研究项目是团队为基础申请的，成果也是团队共同努力的结晶。十年过去，团队成员教学研究经验更加丰富，职称上进步，积累了大量的研究记录和文稿，相关的研究文章也得以发表，本专著的撰写更是项目研究精华的凝结，书中章与章的顺序遵循研究的程序设定，章内各节展示当章研究的重要侧面，不求面面俱到，只撷取有所成效、有所启迪的地方。作为项目负责人，我承担本书的框架设计、文本主体的撰写工作，但在部分章节吸收了合作性行动研究团队成员的论文成果。

按照撰写文字出现在本书的顺序，课题组成员撰写初稿文字的大致内容如下：绪论中外语教师科研情况分析（黄振华）、第二章第三节教师角色转变（李名义）、第三章第二节课堂上思辨力培养（王晓红）、第四章第三节师生主体性反馈（曲亮）、第五章第一节翻转教学设计（曲亮）、第五章第三节推动课堂讨论的策略（曲亮）。作为一个集体成果，本书中的图表、问卷等附录等也是团队合作整理而成，合作性行动研究团队其他成员，如我的同事钟琦、赵学辉、张春悦，还有我的研究生刘灿、赵菁清，都参与问卷的设计、问卷调查、学生访谈，对调查结果进行梳理，对访谈文字进行转录等工作，并参与讨论、分析了教学效果和走势等问题，为本书做出了重要贡献，没有他们就没有必要的分析数据，我认可上述个人为本书部分相关内容的著者，并对大家的积极参与和辛苦工作表示感谢。

本书的出版还受益于中央财经大学各单位拨给的研究经费和出版经费。由于高等教育学会批准的立项是“自筹经费”类，立项以后我们的资金基本自行解决。2014 年“批判教育学视角下的《中国文化概论（英）》课程改革”获批为中央财经大学外国语学院教育教学改革一般立项课题，我们获得了研究经费六千元；两年后，《“翻转教学”的实践与探索：以〈中国文化概论（英）〉为例》被中央财经大学教师教学发展中心批准为“2016 年度教学方法研究项目”（JFY201619），我们又得到研究资助一万元。上面的两项研究其实是针对《中国文化概论（英）》教改的合作性行动研究的细化，所以项目的部分成果分别成为本书的第三章、第五章的内容。更加幸运的是，英语系的系主任李勤习老师为我们的项目争取了“中央财经大学本科专业提升计划暨专业综合改革建设”出版资助，使得我们能以专著的形式追溯研究基本历程。对批准项目、资助项目研究、资助项目出版经费的单位和个人，我们团队在此表示由衷谢意。

最后，我要感谢在本项目研究中帮助过我的良师益友们：南京大学教师发展中心主任王守仁教授专门就教学改革和“翻转教学”等前沿的教学理念给我们进行了指导；哈佛大学教授 Henry Louise Gates，Jr. 给我提供了 2015—2016 学年的访学机会，帮我获取最新的研究资料，修正自己的想法，修改本书的初稿；知识产权出版社的贺小霞老师为本书的修改和出版提供了很多有益的建议。在此一并致谢。

本书的不足之处，欢迎各位批评指正。

吴新云

二〇一八年五月